elias andreato
A MÁSCARA DO IMPROVÁVEL

Dirceu Alves Jr.

elias andreato

A MÁSCARA DO IMPROVÁVEL

Para Carolina Dall'Olio
e Elias Andreato

Sumário

PREFÁCIO A vida de Elias é uma obra de arte..........9
I Amanheceu o espetáculo.................13
II À sombra de uma premonição............21
III Caetaninho ganha o mundo...............31
IV Rebelde nos bastidores...................43
V Pequenos passos na revolução.............55
VI Peças em nome de uma identidade.........65
VII O triângulo sobe à cena..................77
VIII Um ator à força........................85
IX A urgência das palavras..................95
X Glória no palco, rasteira na vida...........105
XI Uma maratona por Edith Siqueira.........113
XII O recado de Maria Bethânia..............125
XIII Um rascunho de si mesmo...............133
XIV O antagonista de Paulo Autran...........141
XV O doido e a dona do dom...............153
ANEXO Elias Andreato no teatro, no
cinema e na televisão...................163

PREFÁCIO
A vida de Elias é uma obra de arte
por Marília Gabriela

É MUITO FÁCIL AMAR ELIAS ANDREATO, impressionante. Eu o conheci pessoalmente há pouco. Quero dizer, já sabia dele, carregava grande admiração por seu trabalho, pelo ator soberbo que é, pelos espetáculos que dirigiu e sempre me encantaram. Mas contato e convivência mesmo nós dois só tivemos ao contracenar em *Vanya e Sonia e Masha e Spike*, comédia de Christopher Durang, dirigida por Jorge Takla, que estreamos no Teatro Faap, em São Paulo, em março de 2015. Ali, deu um grude, uma alegria, uma imediata intimidade, dessas em que você se sente confortável e única.

Não, vamos ao começo de tudo. Primeiro, nasceu minha enorme admiração ao conhecer a sua disposição, a sua versatilidade, a facilidade da sua entrega ao personagem Vanya. Elias roubou a cena como se fosse simples assim, um tirar de pele aqui, vestir uma outra logo ali e pronto. O controle da plateia, os tempos exatos, extraordinário, tudo isso ele carrega na mão.

Sedutor na coxia, vieram, então, os bolinhos diários levados para um lanche no camarim, umas paçoquinhas divinas e, junto, claro, suas histórias e piadas. Elias é uma pessoa agregadora. Não me lembro de momento algum em que não fizesse eu e os outros atores rir com seus deboches e umas pequenas crueldades consentidas. É um danado.

Nossa aproximação gerou momentos de confidências. Pensando bem, acho que mais minhas que dele no começo, que coisa. Elias é reservado. Acolheu-me de cara e eu correspondi. Nós nos tornamos amigos, amigos de verdade. Bem, justiça seja feita, não sou a única, apenas mais uma de suas amigas, e não me queixo. É muito.

Nos primeiros meses do ano de 2018, esse meu amigo enfrentou um problema sério de saúde. Sim, sim, ficou ótimo em seguida, mas, tendo prometido uma ligação em que iríamos combinar um encontro e ele me chamaria, eu alimentei expectativa. E esse telefonema não veio. Comecei a sentir uma angústia, uma espécie de raiva pelo abandono, seguido de estranhamento. Enfim, não sei bem o quê. Passei a disparar chamadas e mensagens desesperadas, já que esse seu comportamento era inédito. Entenda, Elias é um homem que nunca falta a qualquer um.

Em umas das minhas insistências, Sulla, sua irmã, atendeu ao telefone. Estava no hospital ao lado dele, que passava bem, falaria um pouquinho comigo, o suficiente para que eu soubesse que era verdade e não me preocupasse. Dei um vexame ao ouvir sua voz fraca e desandei a chorar. Veio um desespero, uma dor, um medo de perdê-lo, um susto que não sei descrever. E, para minha surpresa, o diabo do meu amigo começou a fazer piadinhas com aquela voz estropiada, não me deixando sofrer, como se não estivesse essa história do avesso. Ah, Elias... Só você.

Dias depois – e ele ficou um bom tempinho internado –, já me mandou um vídeo enrolado em lençóis, uma coisa qualquer improvisada na cabeça. Caminhava por um quarto de UTI em meio às gargalhadas dos enfermeiros, alegrando as suas vidas, alegrando as nossas vidas. Elias exercia ali o teatro gentil que entrega a todos – sim, eu não fui a única a receber a gravação –, dando tudo de si para os outros e recebendo de volta muito... Pouco?

E, então, eu li essa biografia escrita pelo jornalista Dirceu Alves Jr. Que ideia importante essa que ninguém teve antes, e entendi tudo. A vida de Elias é uma obra de arte, é rara. Que linda trajetória esse homem construiu em todas suas mazelas, dramas e fraternidades. Quantos personagens inesquecíveis passaram por sua história. Quanta generosidade, esforço e superação foram necessários para que resultasse esse artista completo, esse ser humano da melhor qualidade. Para ele, o teatro é um belo esconderijo, uma vocação. Para as plateias, puro deleite.

Escrevo pensando que, neste exato momento, Elias Andreato deve estar no sossego de sua casa. Certamente, estudando, lendo um de seus milhares de livros, traçando algum novo projeto. E, nesse projeto, terá música e vai ser levado para a periferia. Em algum momento de grande comoção, um garoto carente vai chorar no seu ombro ao ser apresentado à obra de Fernando Pessoa, como aconteceu em uma apresentação do seu monólogo *Outros eus*, que enfocava o poeta português. Depois, Elias vai visitar sua preciosa família e mandar algum presentinho para alguém. Também deve seguir para a escola de teatro em que dá aulas ou vai bolar um outro, mais um, projeto para um profissional que ele dirigirá.

Só depois, então, subirá ao palco em que sempre é o protagonista. Será merecidamente aplaudido e premiado. Eis um homem que pegou todos os seus limões e fez uma tremenda, uma saborosa limonada. Essa foi a melhor descrição que encontrei para falar que a vida pode ser muito parecida para a maioria das pessoas. E, aliás, é. Só que a vida de Elias Andreato não é assim. Parabéns por tudo, meu amigo. Que honra!

1
Amanheceu o espetáculo

ELIAS ANDREATO NUNCA SOUBE DIREITO QUE dia foi aquele. Pelo menos não se dava ao trabalho de forçar os neurônios em busca de uma resposta nas muitas vezes em que ouvia essa indagação. O sentimento arrebatador, no entanto, permaneceu vivo e serviu de guia para todas as horas que vieram pela frente. Suficiente era saber que aquele tinha ficado marcado, afinal, como o primeiro grande dia de sua vida.

Em 1972, o país vivia a fase mais tensa da ditadura militar, que começou oito anos antes e se apoiou desesperada na violência ampla e irrestrita desde a promulgação do Ato Institucional nº 5, em 13 de dezembro de 1968. Dureza também para um jovem de dezessete anos, pobre até dizer chega, imaginar qual seria o futuro. A repressão era percebida nas ruas por quem se permitia um olhar atento, gente sumia do nada e tudo era muito frio, inclusive as pessoas, que sentiam medo de quem aparecesse ao seu lado.

Era outono ou, quem sabe, início de inverno, já que se tornou desnecessário precisar a data. Só que aquela noite parecia quente, lá por volta das 20h30, ou Elias não se incomodava com a baixa temperatura. Usava uma camiseta branca, bordada com miçangas, um colar atravessado no corpo e uma bolsa de couro a tiracolo. O cabelo crespo e volumoso completava o visual próximo ao de muitos jovens. Um típico bicho-grilo, como tantos que andavam pelas ruas, igual a vários que se espalhavam pelas trezentas e poucas cadeiras do Teatro Maria Della Costa, no bairro paulistano da Bela Vista, em meio a casais distintos e senhoras típicas de classe média alta. Todos estranhos e lado a lado, ocupando mais de uma dezena de fileiras, em nome de um interesse comum. Coisa rara naqueles tempos.

Sentado pela primeira vez na poltrona de um teatro – sim, até então, ele jamais pisara em um – foi aos poucos enxergando o próprio passado. Dona Alzira logo apareceu na memória. "Elias, vem ouvir aquela moça da Bahia que você tanto gosta", escutava o filho, lá no quarto, a voz cansada em um rápido intervalo do barulho constante da máquina de costura. Ele perdeu as contas de quantas vezes sua mãe, mulher forte, um tanto dura, o avisara que Maria Bethânia invadira a casa, pelo rádio, claro. Alguma sensibilidade ela carregava para captar que o garoto tristonho, quase depressivo, se entusiasmava ao ouvir "Carcará" e, tempos mais tarde, "Anda Luzia", "Último desejo" ou "Mora na filosofia".

Se os médios e os graves da voz eram explorados com intensidade pela intérprete e arrebatavam um crescente número de fãs, a imagem de Maria Bethânia, para a maioria deles, se fazia um mistério. Era preciso pagar ingresso para desvendá-la plenamente em seus shows, quase sempre em pequenos teatros ou casas noturnas acessíveis a um público seletíssimo. A cantora não frequentava os programas de televisão. Ao contrário de Gilberto Gil, Gal Costa e do irmão Caetano Veloso, ela ignorou a febre dos festivais que revelaram grandes talentos da música brasileira. Os conterrâneos levavam milhares de pessoas, através dos televisores, a cantar as novíssimas "Domingo no parque", "Divino, maravilhoso" e "Alegria, alegria", firmando as bases do movimento tropicalista. Bethânia, desde cedo, estava em outra.

Depois de ser apontada como a voz da canção de protesto, no auge de "Carcará", ela não quis vincular sua imagem a rótulo nenhum. Queria mostrar que não era apenas a cantora revelada no show *Opinião*, ícone da resistência ao golpe militar, que fundia o samba de morro carioca e a música nordestina. Na contramão tropicalista, Bethânia enveredou pelo intimismo, em recitais que recuperavam clássicos de compositores dos anos de 1930 e 1940. Algo de muito interessante tinha essa moça para demonstrar personalidade tão particular, uma ânsia individual, em uma fase em que o coletivo era praticamente obrigatório.

No início daquele ano de 1972, Bethânia deu uma longa entrevista para a revista *Bondinho*, publicação alternativa que batia de frente com a onda repressiva e ganhava a atenção dos jovens instruídos. E olha que ela tinha paciência quase zero para a imprensa. Falou do show que conquistara o Rio de Janeiro, *Rosa dos ventos*, e contou que namorou pouco para seus 26 anos incompletos. À vontade, ainda relembrou alguns romances e também confessou que segurava um pouco o freio de mão para não ser atropelada pela intensidade. Não sabia simplesmente namorar, se apaixonava para valer e sofria até o fundo do poço.

Os fãs liam aquilo e se identificavam diante de tanto vigor. Depois disso, muitos deles ouviam de outra forma cada verso interpretado por ela. Entre as fotografias da edição de *Bondinho*, um pôster da artista com os seios nus se transformou em um presente, um troféu, um amuleto para Elias. O rapaz carregava a fotografia na bolsa e, todos os dias, colava a imagem na sua baia de trabalho. No final do expediente, levava o papel para casa com todo o cuidado possível. Muitas noites, ele dormia com a imagem da cantora ao lado da cama. "Linda e nua", pensava. Pensaria assim ainda por muitos anos, décadas.

"Elias, você é tão apaixonado pela Bethânia e vai perder o show no Teatro Maria Della Costa?", disse a artista gráfica Maria Luiza Mello, amiga de Elifas, o irmão mais velho dos Andreato. Claro que o rapaz sabia da temporada da sua cantora preferida em São Paulo, mas nem passava pela cabeça a ideia de comprar um ingresso. "Imagina, Luizinha... Você acha que tenho dinheiro?", respondeu, cabisbaixo. A moça ficou quieta por uns segundos, afinal as entradas nem eram tão caras assim, e tratou de intimá-lo. "Pode deixar que você será meu convidado. Vamos juntos ver a Bethânia."

Rosa dos ventos, o show encantado estreou em julho de 1971 no Teatro da Praia, no Rio de Janeiro, e foi o norte capaz de apontar o caminho de Maria Bethânia como a intérprete de postura cênica consagrada nas décadas seguintes. Com esse espetáculo se iniciou a parceria com o diretor Fauzi Arap e o cenógrafo Flávio Império. Juntos, eles montariam na sequência *A cena muda* (1974) e *Pássaro da manhã* (1977), sucessos de público e crítica, mas nenhum tão emblemático para a artista e para sua geração como *Rosa dos ventos*.

Engenheiro de formação, o paulistano Fauzi Arap estreou como ator na peça *A vida impressa em dólar* (1961) e ganhou destaque junto ao elenco do Teatro Oficina. O reconhecimento de vez chegou com dois textos de Plínio Marcos. Ao lado de Nelson Xavier, ele protagonizou *Dois perdidos numa noite suja* (1967) e, no ano seguinte, dirigiu Tônia Carrero em *Navalha na carne*, que trouxe novos rumos para a estrela. Todos se renderam ao talento da atriz, conhecida pela beleza e refinamento, totalmente despida de glamour na pele da prostituta decadente Neusa Sueli.

Introspectivo, reservado e de uma sensibilidade ímpar, Arap começou a se deprimir ao perceber que os militares não abririam mão do poder facilmente. A censura e o processo de liberação de *Navalha na carne* foram desgastantes para ele. O ator e cada vez mais diretor encontrou na psicanálise, na astrologia e nas drogas alentos para enfrentar a barra-pesada e, como bom artista, canalizou parte da dor para o palco.

No final de 1970, uma amiga lhe presenteou com um mapa astral, que, entre as recomendações, mandava guardar energias para os meses de junho e julho. Uma oportunidade profissional única apareceria e deveria ser aproveitada ao extremo. Arap volta e meia se agarrava àquela previsão. Recusava ofertas até interessantes e torrava as economias em nome da sobrevivência. Enquanto isso, ele trabalhava com a psiquiatra Nise da Silveira na Casa das Palmeiras, no Rio de Janeiro, e aprofundava os estudos em relação ao psiquiatra suíço Carl Gustav Jung. Existia uma conversa com Maria Bethânia sobre um projeto para o final do ano. Nada muito definido.

Em uma tarde, Bethânia lhe avisou que havia uma mudança na sua agenda. Estava livre para ensaiar um espetáculo entre maio e junho, e, assim, surgiu *Rosa dos ventos*, transformando nesse primeiro momento a vida de Bethânia, Arap e Império, chamado para se juntar ao grupo. Obcecado por Jung, o diretor se apropriou de uma das teorias do psicanalista para dividir o show em quatro partes. Para Jung, eram quatro as funções principais da existência humana – pensamento, sentimento, sensação e intuição. Assim, o sentimento equilibra o pensamento, e a intuição complementa a sensação. No processo de recuperação, os pacientes de Jung costumavam sonhar com formas mandálicas, a exemplo dos pontos cardeais que localizam as pessoas geograficamente.

A *Rosa dos ventos* de Fauzi era composta dos quatro elementos da natureza — terra, ar, água e fogo —, e o roteiro, concebido com a colaboração dos músicos do Terra Trio, foi criado pensando em canções que dialogassem com essa ideia. A terra aparecia em temas que remetiam ao êxodo rural, como "Pau de arara" e "Viramundo", enquanto a água era celebrada em composições praieiras de Dorival Caymmi ou "O tempo e o rio", de Capinan e Edu Lobo. Entre os blocos de canções, algo inovador. Bethânia inundava de sentimento poemas de Fernando Pessoa e trechos da prosa de Clarice Lispector, deixando o público perplexo com a intervenção literária em um show de música. "Fauzi e Flávio criaram um espetáculo de primeira, com cenografia e figurinos irretocáveis, estruturado em uma dramaturgia fortíssima e, para a surpresa de todos, protagonizado por uma cantora popular", afirma Bethânia, definindo o impacto do show.

Em tempos pesados, a interiorização da mente teve um efeito catártico, e *Rosa dos ventos* representou um sinal, um caminho para muita gente. De volta ao passado, Bethânia respira e muda o tom para dizer que o espetáculo foi concebido em um momento muito difícil, não apenas do Brasil, mas dela também, e quebra a noção de unanimidade em torno da montagem. "Eu estava com meu irmão exilado, com amigos desaparecidos e, de repente, Fauzi e eu começamos a ser chamados de alienados por muita gente, inclusive por colegas", conta a artista. "Nós recorremos à poesia para falar daquele momento, mas as pessoas não entendiam nada, queriam que a gente mostrasse no palco canhões, armas, que atacássemos os milicos... Não! Tudo foi falado ali, do nosso jeito."

As luzes se apagaram, e Maria Bethânia entrou no palco do Teatro Maria Della Costa. "E do amor gritou-se o escândalo/ Do medo criou-se o trágico/ No rosto pintou-se o pálido/

E não rolou uma lágrima/ Nem uma lástima/ Pra socorrer", dava voz Bethânia aos versos de Chico Buarque em torno da canção-título do espetáculo. Elias olhava vidrado para aquela figura de mulher, magra, mas não tanto como falavam. Pelo vestido, enxergava as formas discretas de seu corpo, magro sim, porém, muito feminino, desejável. "Amanheceu o espetáculo", cantava Bethânia.

O jovem parecia sob o efeito de uma droga, conhecia um barato diferente, como se dizia na época, tamanha a contemplação que não era só sua, se estendia a todos naquele teatro. "Numa enchente amazônica/ Numa explosão atlântica/ E a multidão vendo em pânico/ E a multidão vendo atônita/ Ainda que tarde/ O seu despertar", dramatizava a intérprete, e a plateia explodia em aplausos, olhos hipnotizados para a artista iluminada. Elias nunca tinha visto uma coisa parecida, nunca sentira algo próximo daquilo. Elias queria ser que nem Maria Bethânia, quer dizer, Elias queria fazer algo semelhante ao que Maria Bethânia fazia. Queria sensibilizar e emocionar as pessoas, talvez um dia pudesse ser um artista.

Naquela noite, que não tem a menor importância mais saber a data exata, Elias viu mais que um ídolo, uma artista que admirava e passaria a seguir incansavelmente pela vida afora. Ao assistir ao show *Rosa dos ventos* e conhecer Maria Bethânia no palco, Elias enxergou uma pessoa em quem poderia se espelhar, talvez a primeira na vida. Bethânia, desde sempre, foi independente, guerreira em torno de suas convicções e do formato de seu trabalho. "Eu só digo o que penso/ Só faço o que gosto/ E aquilo que creio", cantaria a artista em outro show, *A cena muda*, tomando emprestados os versos de "Resposta", escritos por Maysa. É simplista dizer que essa é uma tradução de Maria Bethânia. Mas, caso um dia se tornasse um artista, era assim que Elias, garoto pobre nascido em 8 de março de

1955 – que até agora só experimentara o excesso de realidade, convivia com a pouca atenção da mãe e o alcoolismo do pai –, queria ser. Queria ser e atrair a atenção das pessoas como Maria Bethânia.

II
À sombra de uma premonição

O TEMPO PASSOU E, MESMO A VIDA desmentindo a profecia, uma frase ouvida na década de 1950 jamais saiu da cabeça de Alzira Gomes Andreato. "Vocês vão para São Paulo para quê?", perguntou na época o sogro, pai de José. "Para seus filhos virarem ladrões, claro, serão todos trombadinhas em uma cidade daquele tamanho", decretou, de imediato, o áspero Leopoldo Vicente Vargas. O casal, em dez anos de vida em comum, contabilizava uma considerável sucessão de derrotas. Ali, no entanto, ainda cabia um tênue facho de esperança que precisou perseguir impensados caminhos até então para continuar aceso. "Eu vou sim, seu Leopoldo, e só volto para cá se não achar um lugar decente para criar meus meninos", respondeu a nora, com a voz baixa, mas firme.

José e Alzira se conheceram nas lavouras do município de Rolândia, no interior do Paraná, em meio a enxadas, plantações de café e gente que não almejava nada além da garantia da refeição seguinte. Nascido por lá, José Vicente Andreato cresceu em uma família italiana de catorze irmãos, era fascinado pelos circos que montavam lona na região e queria aprender a tocar algum instrumento musical, qualquer um. Ele confiava que tinha a seu favor todo o tempo do mundo, afinal, nem completara 21 anos, não temia o batente e carregava certo encanto junto às mulheres, principalmente por causa do par de olhos azuis.

Paulista de Birigui, Alzira havia chegado ao Paraná quatro anos antes e, aos dezoito, sabia que a realidade se configura em um contínuo teste de resistência. Chorou como nunca na vida – e mal tinha derramado as primeiras lágrimas – ao perder as duas irmãs mais jovens, Maria Vicenza e Terezinha, em menos de seis meses corridos. Uma delas, antes de completar quatro anos, teve o pequeno corpo esmagado por um armário que desabou dentro da própria casa. O pai, desgostoso com a tragédia, vendeu o sítio no interior de São Paulo e caiu na estrada com o que lhe restou da família. A imaginação fértil de Alzira, às vezes, disfarçava a dor. Sem saber ler ou escrever, criava poesias em sua cabeça – nunca transferidas para o papel e armazenadas na memória para sempre –, conversava com as pequenas falecidas e acreditava em mistérios que ultrapassam os limites do céu e da terra.

A chance de conhecer um pouco de felicidade, enfim, se materializava. José lhe pareceu o melhor homem do mundo entre os poucos que até então avistara. "Meu marido era tão bom que nem prestou. Ele agradava tanto aos outros que, com o tempo, começou a fazer mal para nós, os de casa", recorda. Um bolinho, a bênção de um padre e um olho bem aberto de Alzira para que José não ficasse alegre demais com a bebida marcaram o enlace. Em 31 de janeiro de 1945, os dois se casaram e não tardou para que as poucas testemunhas inventassem boatos em relação à reputação da noiva. Elifas, o primeiro dos seis filhos que, em pouco tempo, os rodeariam, veio ao mundo um ano depois, em 22 de janeiro, e tapou a boca dos fofoqueiros que viram uma leve barriga debaixo do vestido branco de Alzira. Logo chegou Eurípides e, sem trégua, Cleuza, Ademir, Sueli e Elias, todos com uma diferença de um ano e meio ou dois e sem perspectivas de conhecer uma vida diferente da dos pais.

Oito bocas para alimentar e possibilidades cada vez mais escassas de fazer dinheiro. A responsabilidade se tornou um peso além do que as costas de José puderam suportar. O destino se encarregou de enfileirar outras frustrações no meio do caminho. De boa-fé, o pressionado pai de família entrou na sociedade de uma marcenaria, acreditando que teria parte dos lucros nos primeiros cortes de madeira transformados em mobílias. Passado para trás e na estaca zero, ele investiu o pouco que lhe restou em um armazém junto com o pai – aquele que, mais tarde, preveria um futuro catastrófico para os netos na metrópole – em um ponto da estrada que leva a Londrina. Enquanto Alzira lavava e passava roupas para fora, consertava sapatos e cuidava das crianças, José se aborrecia no negócio. A oferta etílica ao alcance das mãos logo gerou um desfalque no estoque e no caixa do boteco.

A iniciativa de montar uma serraria durou o tempo de cortar a primeira tora. Descartado pelos sócios, José bebeu mais que o rotineiro, dormiu no acostamento e teve o caminhão roubado. São Paulo, com a fama de receber de braços abertos quem busca trabalho, surgiu como a única aposta de dignidade – a chance de passar uma borracha em tudo ou, então, de se enterrar de vez sem plateia. Alzira concordou em arrumar as trouxas, rompeu com a família e se agarrou à esperança de que, em outra cidade, o marido superaria o estigma de fracassado. De Rolândia, não ficaria guardado mais nem o pó. E, no fundo, ela sabia. Pior do que a situação se encontrava, dificilmente ficaria.

O casal pegou pela mão Cleuza, Ademir, Sueli e o caçula Elias, de três anos, e tomou um trem em Londrina. Pouco mais que meninos, Elifas e Eurípedes, com treze e doze anos respectivamente, ficaram no Paraná exercendo a responsabilidade de homens de uma casa dividida. Trabalhariam como marceneiros e lustradores de móveis e guardariam um pouco de dinheiro para se juntar aos demais quando o tal lugar decente estivesse pronto para abrigá-los. Os avós paternos também garantiram matriculá-los em uma escola regular para que os dois recebessem ao menos uma alfabetização capenga. A promessa jamais foi cumprida.

Dez horas de viagem depois, a primeira visão da promissora São Paulo não escapou de um clichê resistente ao tempo. Em meio a um mar de gente, os Andreato desceram na Estação da Luz em um dia frio e escuro. "A nossa chegada foi um tanto traumática. Apesar de muito pequena, eu me recordo bem de nós todos com cobertores enrolados debaixo do braço sem saber muito bem para que lado seguir ou com quem falar", conta Sueli Andreato, a Sulla, que tinha seis anos. A família desviou de olhares desconfiados, semelhantes a muitos que ainda encararia pela frente. Afinal, na visão de quem ali circulava, era só mais um bando de miseráveis prestes a encarar a frustração na terra das promessas. O destino, anotado em um pedaço de papel entregue por uma tia, era a Vila Anastácio, ponto afastado da região central, ainda mais para quem era acostumado aos limites do interior. Caso descobrissem o caminho, já poderia ser cantada a primeira vitória em terras paulistanas. E assim seguiram à procura de um bonde.

Entre a linha do trem e o rio Tietê, a Vila Anastácio é uma extensão do bairro da Lapa, na zona oeste, desbravada no início do século XIX. O coronel Anastácio de Freitas Trancoso, figura iminente da política local, escolheu um vasto pedaço de terra para a construção de um casarão rural e o cultivo de café e chá. Em 1856, a propriedade foi vendida ao brigadeiro

Rafael Tobias de Aguiar e a sua mulher, Domitila de Castro, a Marquesa de Santos, cujos herdeiros repassaram para os donos da Companhia Armour do Brasil. Com a inauguração do frigorífico, em 1921, o vilarejo atraiu a esperança de imigrantes e refugiados, muitos vindos do Leste europeu, que buscavam no Brasil uma relativa segurança para reconstruir a vida depois da Primeira Guerra Mundial. Os cortiços e casebres se multiplicaram entre as décadas de 1930 e 1940, na mesma medida em que estrangeiros escapavam da Segunda Guerra Mundial e novas fábricas também se instalaram na área. E ali, entre russos, poloneses, armênios, árabes e portugueses, José, Alzira e os filhos descobriram São Paulo – e seria essa a visão da ascendente metrópole que carregariam por muitos anos.

Uma torre de babel maquiada de cidade do interior, interligada por uma igreja e uma praça, em meio a costumes e idiomas contrastantes. Os Andreato se instalaram em um quarto conjugado com uma pequena cozinha em uma casa térrea da rua Conselheiro Cândido de Oliveira. No fundo de um longo corredor, o único banheiro era disputado por pelo menos outras seis famílias que habitavam acomodações similares às deles. Oito pessoas passaram a se espremer nesse quarto com a chegada de Elifas e Eurípedes, oito meses depois. Os rapazes, exaustos de trabalhar e cansados das promessas vãs do avô, se apressaram a também desafiar o futuro em São Paulo.

Doída realidade, mas Alzira acreditava que o marido poderia renascer de suas depressões nessa nova etapa. Já tinha ouvido falar de benzedeiras e médiuns nas redondezas capazes de fazer qualquer um enjoar da bebida. Longe da pressão dos familiares, então, a meta poderia ficar menos difícil. "Minha mãe procurava qualquer lugar que acenasse com uma possibilidade de cura para meu pai", conta Elias. Chegou, inclusive, a carregar a turma toda para a cidade de Aparecida, que fica a quase duzentos quilômetros da capital, em nome de uma promessa. "Ela rezava na igreja, frequentava o centro espírita e puxava ponto na macumba, acreditando em tudo com a mesma fé."

Os vizinhos russos tocavam violino pelas ruas, e armênios e húngaros dançavam nas quermesses realizadas na praça Padre Arnaldo e na Paróquia Santo Estevão Rei. Matriculado na Escola Estadual Dr. Reinaldo Ribeiro da Silva, o pequeno Elias aprendeu o alfabeto junto desses colegas que ainda buscavam se comunicar em português e não disfarçavam as dificuldades com a língua que deveria deixar de ser estranha. O rendimento do caçula dos Andreato, porém, nunca intimidou ou inibiu os colegas. Muitas vezes sofrível, o desempenho lhe permitia, no máximo, a aprovação no final do ano letivo e, assim, o colocava em grau de igualdade com os atrapalhados garotos vindos de mais longe.

Convidado pelos moradores das redondezas, Elias coleciona dessa época as primeiras lembranças de manifestações artísticas. Aos oito anos, seguia orientações dos mais velhos para não errar o passo em apresentações de danças folclóricas e, de pé em uma cadeira, disfarçava a deficiência na leitura ao declamar poemas previamente decorados em eventos da comunidade. Em uma dessas festas, Elias comprou um bilhete de rifa com o próprio dinheiro – conquistado como catador de latas, que, depois, vendia no ferro-velho – e, pela primeira vez, saboreou uma vitória. O prêmio foi um relicário de madeira com a imagem de Nossa Senhora Aparecida, aquela em que a mãe tanto acreditava.

Cheio de orgulho, o menino correu direto para casa e entregou a peça de presente para dona Alzira – na visão dele, a maior das devotas da padroeira do Brasil. "Muito obrigada, meu filho", agradeceu ela, um pouco seca, como era seu costume. José arregalou os olhos para o vistoso objeto e disse: "Deixa que amanhã eu levo a santa para a marcenaria, passo uma lixa e lustro. Vai ver como ficará muito mais bonita, Elias". Alzira desconfiou das boas intenções do marido, tão raras naquele tempo, mas preferiu lhe dar um voto de confiança. Com o passar dos dias, Elias entendeu que o presente dado a sua mãe ficaria apenas na memória dos dois. Para a casa dos Andreato, a santa não voltaria mais, e sabe Deus nas mãos de quem o relicário teria parado. "Foi a primeira vez que vi meu filho triste, realmente muito triste. Ali, com uns nove anos, ele deve ter percebido que o pai passaria por cima de qualquer coisa em troca da bebida."

Em casa, Elias chorava, chorava muito. Não era manha ou fricote. Ficava infeliz também porque, mesmo estudando exaustivamente, não entendia direito as lições ou mal completava as atividades propostas. O rendimento só piorava, e o garoto se sentia envergonhado ao ser convocado pela professora para ler algo em voz alta diante da classe. Cada vez que passava por tal exposição corria o risco de ser humilhado. "Burro!", gritavam os mais hostis. A mãe, analfabeta, não sabia orientá-lo. Os irmãos, também pouco íntimos das letras, estavam ocupados em ajudar no sustento da casa, algo mais urgente. O isolamento surgiu como alternativa contra o desgaste, e, entre as brincadeiras, a preferência recaía sobre as mais solitárias, aquelas em que fosse possível projetar um mundo particular.

A estreita cama dos pais, sempre muito bem estendida, se transformava em um gramado para deslizar as bolinhas de gude. E durante horas essa era sua distração. Elias não cansava de limpar até deixá-las brilhando, e, se as levava para a rua, redobrava o cuidado antes de guardá-las. As poucas escapadas para a região central de São Paulo se limitavam a esporádicos passeios à praça do Patriarca com a mãe e as irmãs. Eles tomavam um ônibus que saía direto da Vila Anastácio para fazer da novíssima escada rolante do logradouro o brinquedo do parque de diversão que lhes era acessível – e, em meio à farra mágica do sobe e desce, Elias esboçava alguns sorrisos. "Sempre achei meu filho muito quieto e isolado, meio triste com a vida", diz a mãe, que cobrava uma disciplina por vezes exagerada das crianças, principalmente diante da falta de pulso do marido.

Nesses passeios ao centro da cidade, todo mundo usava os chamados trajes de domingo, mesmo que fosse algum outro dia qualquer. Nada moderno e tampouco comprado nos magazines da época, cujas vitrines chamavam a atenção de quem circulava pelo entorno do viaduto do Chá e do Anhangabaú. Alzira herdava os tecidos ou roupas dos vizinhos e, depois de passar por suas mãos, qualquer pano parecia novo. "Eu sempre exigi que eles estivessem muito limpinhos e arrumadinhos", diz. Ademir, o filho de número quatro na escadinha, era o campeão de perder os agasalhos durante as circuladas pela Vila Anastácio. Certa vez, na falta de material para reformar, a matriarca pegou o que encontrou ao seu alcance, como o terno usado por José no dia do casamento ou uma cortina aposentada, e vestiu de pronto a patota. "Nós já éramos muito pobres, e, se fossemos maltrapilhos ou sujos, ficaríamos parecidos com mendigos", afirma Alzira, que, talentosa costureira, contribuía no sustento da casa.

As esperanças de Alzira ver José longe do álcool minguavam a cada dia. O marido, também eletricista de mão-cheia, perdia ou abandonava os empregos e se mostrava agressivo por qualquer mudança de vento. Era cachaça, álcool de cozinha, nada que fosse engarrafado permanecia na embalagem. Mais de uma vez, José tinha ameaçado a mulher munido de uma faca na frente do caçula. Durante certa discussão, ele tentou jogá-la da ponte da Vila Anastácio e, em seguida, desapareceu por dias a fio. Triste e introspectivo, Elias observava e ouvia tudo sem dar um pio, enfiado em seu casulo.

Cansado de tantos temporais, o primogênito Elifas anulou a figura paterna e assumiu de vez o papel de chefe da família. "Ele só trabalhava, trabalhava e trabalhava. Se não fosse o Elifas, não acredito que nossa família teria se mantido de pé", diz o caçula. Torneiro mecânico da Sociedade Técnica de Fundições Gerais, a Sofunge, em poucos anos ele mudou de emprego para exercer a mesma função na fábrica de fósforos Fiat Lux, também na Vila Anastácio, e receber um pouco mais. "Na Fiat Lux, o meu irmão começou a decorar os salões para bailes e festas corporativas e, como era marceneiro, usou as habilidades manuais como ferramenta criativa", conta. Um grande cenário com caixas de fósforo gigantes – projetado para o evento de cinquenta anos do grupo inglês no Brasil – chamou a atenção da chefia, inclusive dos estrangeiros, para o talento de exceção que ali se tornava evidente. Era óbvio que o rapaz podia muito mais. A empresa lhe ofereceu uma indenização para ser investida em um curso de aperfeiçoamento, e Elifas estagiou em escritórios de arte na região central.

O jovem batalhador, nessa época, já pagava o aluguel de uma casa exclusiva para os Andreato. Ainda pequeno, o imóvel contava com sala, cozinha, banheiro próprio e um único quarto, mas para quem havia anos vivia em conjugados de um cortiço era até pecado reclamar. A Vila Anastácio, porém, ficou pequena para Elifas, que, depois de fortalecer contatos, foi trabalhar nas publicações da recente Editora Abril. O futuro lhe sorriria. Elifas fez carreira na empresa da família Civita e se tornaria um dos mais célebres artistas gráficos do país, com grande prestígio nas décadas de 1970 e 1980.

Cada vez que saía para a batalha, Elifas enxergava no caçula a projeção de uma trilha bem conhecida dele. Aos onze anos, o franzino Elias conseguiu se equilibrar com a caixa de engraxate nas costas e fincou ponto na estação ferroviária. Lustrava os sapatos dos homens elegantes e recebia o merecido. O saldo era devidamente entregue para a mãe no final do dia. Caráter, o garoto tinha de sobra. Elifas, no entanto, se sentia mal, percebia que, se não podia bancar por inteiro o irmãozinho, tinha a obrigação de apresentar novas possibilidades para testar seu real esforço. Se São Paulo pouco aliviou o sofrimento do casal José e Alzira, com sua prole a cidade começava a ser mais generosa. Elifas procurou uma chance para Elias fora dos limites da Vila Anastácio, e, como o mundo é grande, se o irmão aproveitasse as boas caronas, a agonia de dona Alzira seria minimizada. Trombadinhas realmente os seus filhos estavam longe de ser.

III
Caetaninho ganha o mundo

EM 1967, O CENÁRIO COMEÇAVA A NUBLAR de vez em um Brasil sob o comando de homens fardados. Sucessor de Humberto Castelo Branco, o linha-dura Artur da Costa e Silva assumiu como segundo presidente da ditadura militar, iniciada três anos antes, com carta branca para garantir a permanência deles no poder. O aperto ao cerco democrático não causava muito efeito no lar dos Andreato. Cada um suava mais que o outro na tentativa de garantir a própria realidade. Enquanto José fazia biscates e aquecia o cotovelo no balcão do bar, Alzira trabalhava pelos dois e varava noites na máquina de costura, lavava para fora e ainda fazia bijuterias.

Aos vinte anos, Eurípedes, o Nenê, chamou atenção como jogador de futebol do Serva Anastácio (Sociedade Esportiva e Recreativa da Vila Anastácio) em um tempo em que os boleiros faziam a alegria do país. Contratado como lateral direito do Clube Esportivo Dom Bosco, ele se mudou para Cuiabá, no Mato Grosso, onde viveria o resto de sua vida. Ademir e Cleuza batalhavam, na deles, o pão de cada dia. Mais rebelde com o que testemunhava dentro de casa, a inquieta Sulla arquitetava uma forma de pegar uma carona para fugir daquela existência opressora, seguindo o exemplo dos hippies que via pelas imediações da marginal Tietê.

O antenado em política era Elifas, que atravessava madrugadas na redação da Editora Abril em busca do aperfeiçoamento do seu traço e ouvia as conversas inflamadas dos colegas. Com o novo e promissor emprego, o arrimo de família causou uma significativa revolução dentro de casa. Depois de uma década, eles saíram da Vila Anastácio para encontrar um pouco mais de conforto. Elifas alugou um apartamento de dois quartos na rua Coriolano, na Lapa, e se desfez de todos os móveis e objetos que José e Alzira, aos trancos e barrancos, adquiriram na acidentada vida deles. O impulso, por mais bem-intencionado que tenha sido, atingiu a autoestima de José como uma facada nas costas. Durante a mudança, o pai de todos ficou quieto, resignado, mas, instalado no lar bancado pelo filho, tomou o primeiro gole em uma sequência suicida que testou suas forças. "O meu pai se sentiu desmoralizado e me lembro dele bêbado por dois meses, sem descanso, só saindo do quarto para brigar com minha mãe ou buscar mais cachaça", conta Elias.

Pelo aparelho de televisão da casa – sim, também graças a Elifas, eles tinham um –, Elias conferiu sem muito entusiasmo o Festival de Música Popular Brasileira da TV Record, de 1967, em que foram lançadas as antológicas "Ponteio", "Domingo no parque", "Roda viva" e "Alegria, alegria". Havia se emocionado mais no ano anterior com o teatro inconsciente protagonizado por Jair Rodrigues ao defender "Disparada", que empataria na final com "A banda", de Chico Buarque. "A força e o gestual do Jair fugia do lugar-comum e aquilo me impressionou muito", diz Elias, que confessa não ter se contagiado com a febre dos festivais de MPB reinante na segunda metade dos anos 1960.

"Meu filho, vem ouvir aquela moça da Bahia que você gosta", chamava dona Alzira, diante da máquina de costura, tendo um rádio como companhia. Naquela época, o garoto já tinha descoberto uma voz que o guiaria pela vida afora. "Carcará", na interpretação dramática de Maria Bethânia, causava uma sensação que, mesmo com o passar do tempo, ele nunca soube descrever. O desconhecimento da imagem daquela mulher, praticamente ausente da televisão, também se fazia uma incógnita que o deixava ainda mais fascinado.

Às vésperas de completar treze anos, Elias Vicente Andreato ganhou o primeiro empurrão para se sentir gente grande. Entre as baias da Editora Abril, o irmão mais velho fez amizade com jornalistas que se impressionavam com seu talento e força de vontade. Uma delas era Carolina Andrade, editora dos fascículos da Abril Cultural, casada com o publicitário Marcus Pereira. "Olha, eu tenho um irmão menor e queria arrumar um trabalho para ele", disse Elifas à colega, que, de imediato, se lembrou de uma chance na agência de comunicação do marido. Com a carteira profissional assinada, o menino embarcaria de segunda a sexta em um ônibus que o levaria para alguns quilômetros longe de casa. Para quem, meses antes, mal tinha saído da Vila Anastácio, agora, tomar o coletivo Lapa/Penha, descer na avenida Angélica e subir alguns quarteirões, observando prédios elegantes e casarões imponentes, tinha efeito semelhante ao de uma viagem turística ao exterior.

A Marcus Pereira Publicidade ficava na rua Novo Horizonte, no alto da Angélica, pertinho da avenida Paulista. "Eu comecei a ter uma nova visão da cidade, porque até então, para mim, era tudo só praça, escola e igreja, igual a um interior", lembra. Como office-boy, ele enfrentava filas de banco, buscava material nas gráficas e garantia o estoque de cigarros da maioria fumante. Promovido a contínuo interno do estúdio de arte, Elias passou a circular mais entre as mesas de feras que, na época, nem tinha noção de quem representavam. Tolhido pelo golpe militar, o jornalista Aluizio Falcão deixou Recife e era redator na agência, criando textos provocativos e diretos.

Eurico Andrade, ex-repórter de *Última Hora* e da revista *Realidade*, também havia se juntado à equipe. Apaixonado pela música brasileira, o chefão Marcus Pereira era sócio do bar Jogral, na rua Avanhandava, e, na década de 1970, lançaria um selo com seu nome, colocando no mercado discos célebres de Cartola e Paulo Vanzolini.

Palco da MPB tradicional, aquela que já criava mofo em meio aos embalos da Jovem Guarda e às experimentações tropicalistas, o Jogral recebia shows de Lupicínio Rodrigues, Ismael Silva, Agostinho dos Santos e Ataulfo Alves. No final do expediente de sexta-feira, alguns dos bambas passavam na agência para um esquenta e faziam no escritório uma boa roda de samba, de choro ou de qualquer outra bossa. "Fiquei encantado de ver Elizeth Cardoso, Paulinho da Viola e Martinho da Vila cantando ali no meio da gente", diz Elias. A visita da atriz e cantora Odete Lara, conhecida pelo cinema e pelas revistas, provocou a imaginação do adolescente. "Delicada, gentil, as pernas mais lindas da época, eu nunca tinha visto uma mulher como aquela ao vivo."

A chance de espiar um pouquinho do mundo, no entanto, teve seu preço. O salário no final de cada mês, grande parte dele entregue a dona Alzira, cobrou a perda do ano letivo. Matriculado, então, no curso noturno do Colégio Módulo, na rua 12 de Outubro, Elias começou a perceber em sua vida reflexos do já promulgado AI-5, que fechou o Congresso Nacional e concentrou o poder nas mãos do Executivo. O estudante montou um trabalho sobre os contrastes entre o Norte e o Sul do país, conclusivo para a cadeira de literatura. Imagens de quadros de Candido Portinari, cartões-postais das praias cariocas, fotografias da seca no sertão nordestino e textos de João Cabral de Melo Neto se misturavam em uma colagem crítica e criativa.

A ousadia estudantil não pegou bem para o Brasil de 1971, governado pelo ditador Emílio Garrastazu Médici, o mais barra-pesada de todos. "O professor Alfredo me avisou que eu não poderia apresentar o trabalho por ordem da direção", conta Elias, que, triste, não entendeu direito a razão. "Mas você já pensou em fazer teatro?", teria perguntado o mesmo professor, na tentativa de aplacar a frustração do aluno. Elizete, uma colega, pegou a conversa de canto de ouvido e comentou que, aos sábados e domingos, assistia às aulas de um grupo de atores amadores em Osasco, na região metropolitana de São Paulo. Se quisesse, estava convidado para o próximo fim de semana. "Vamos", respondeu Elias, de imediato, que marcou o encontro na estação de trem da Lapa, lá pelas oito horas. Precisava, no entanto, de uma aprovação fundamental, a de Elifas. Afinal, ele era um artista e mostrava satisfação em ver o caçula encaminhado em um emprego formal. Mesmo casado com a fotógrafa Iolanda Huzak e sem viver sob o mesmo teto que os Andreato, o mais velho permaneceu incorporado no papel de provedor da família, logo um pai a que Elias se sentia no dever de dar satisfações. "Eu prometo registrar as apresentações que você fizer por lá", incentivou ainda a cunhada, logo depois do sinal verde de Elifas.

Recém-criado, o Núcleo Expressão dialogava com os jovens, principalmente os menos favorecidos, em busca de uma válvula de escape para as opressões políticas e sociais. Elias chegou ao galpão do paço municipal da prefeitura de Osasco e encontrou os professores Rubens Pignatari e Ricardo Dias passando os primeiros exercícios de improvisação para um time de doze ou quinze alunos. Um dos mestres desafiou os jovens e pediu para que cada um mostrasse em palavras ou ações qual era o significado do teatro em suas vidas. Teve quem declamasse um poema. Outro narrou um sonho envolvendo a arte da representação, e, na sua vez, Elias subiu ao palco e se jogou em direção às tábuas sem apoiar os braços. Alguns colegas se assustaram com o impulso e mais ainda ao ver a testa cortada e o nariz do novato derramando sangue. "Já apareci por lá para, mais uma vez, ser o ET da turma", diz. Elias se levantou um tanto zonzo e tomou cinco pontos na testa em ambulatório das redondezas. O batismo nos tablados ficou registrado como um desastre apenas em sua memória. "Era tão normal o povo se jogar no palco que o tombo do Elias foi apenas mais um em meio a tantos que a gente levava", lembra, às gargalhadas, Juçara, que se tornaria a melhor amiga e parceira de trabalho no futuro.

Baixinha, dentuça e dona de uma personalidade fortíssima, Juçara Morais morava em Carapicuíba e se matriculou em uma oficina depois de ver seu colégio incendiado e alguns professores desaparecidos sem explicação. A empatia com Elias foi imediata. "Nós tínhamos uma ansiedade muito grande, queríamos fazer algo que nem sabíamos direito o que era e, no teatro, descobrimos uma forma de canalizar essa energia", diz ela. Mesmo em seu desconhecimento teórico, Elias carregava a noção que o entusiasmo com o Núcleo Expressão passava longe de um resultado formal e bem-acabado. O ator ainda não havia despertado nele – e sua presença ali fazia muito mais sentido pela convivência com pessoas de sua idade e conflitos semelhantes. E assim seria.

O movimento hippie, as tentativas de amor livre, as drogas e a ânsia de romper padrões integravam a atmosfera de Osasco. Muito magro, um tanto tímido e com um nariz capaz de chamar atenção em seu rosto pequeno, Elias em nada lembrava os garotos bonitos e viris da época. Depois de algumas paqueras, o patinho feio começou a abandonar o disfarce e engatou um romance com uma moça. Em seguida, se apaixonou por um rapaz, estudante de sociologia, que também integrava o grupo e lhe correspondeu com novas possibilidades sexuais. Enfim, o primeiro namorado. A coisa lhe pareceu promissora a ponto de marcar um almoço com Elifas para lhe comunicar sobre o romance. "Coitado do meu irmão, eu me lembro para sempre da cara assustada dele", diz Elias. "Pela primeira vez, dentro daquela turma, eu encontrei os meus semelhantes, gente que eu ouvia e que também me ouvia." As mesmas palavras do poeta pernambucano João Cabral de Melo Neto, estudadas para a pesquisa censurada, serviram de base para a primeira montagem de Elias no Núcleo Expressão. Dirigido por Rubens Pignatari e Ricardo Dias, o espetáculo *O rio* usou a imagem do fluxo do Capibaribe de sua nascente até a cidade do Recife como metáfora para retratar a juventude em busca de identidade e tolhida de liberdade. "Eu não tinha a impressão de que fazia teatro, mas passava os fins de semana absorvido por aquela energia." O rapaz de cabelos grandes encaracolados, agora no estilo black power, já usava bolsas de couro, colares de miçangas e camisas largas, na onda bicho-grilo.

    O ambiente mais convencional da Marcus Pereira ficou para trás e, agora, ele batia ponto na agência do publicitário Chico Santa Rita, que ficava na avenida Brigadeiro Luís Antônio e tinha em sua equipe uma turma jovem e inquieta. Os irmãos Paulo e Chico Caruso trabalhavam lá, e o sociólogo Joel Rufino dava consultoria para o material didático produzido. Elias era encarregado de montar o texto, letra por letra, com cola de sapateiro, que seria impresso nos anúncios de revistas e jornais, algo necessário em um tempo em que os computadores figuravam basicamente nos filmes de ficção científica.

    O artista plástico gaúcho Elton Manganelli, recém-chegado a São Paulo, começou a trabalhar na Chico Santa Rita e foi imediatamente convidado para, em um sábado, conhecer a peça que estava sendo feita pelo Núcleo Expressão. "Eu achei um horror", afirma Manganelli, sobre *O rio*. "Era um bando de gente se batendo no palco, com o rosto pintado e dando o texto em um coro sem sentido algum." A crítica não abalou a recente amizade, pelo contrário, a sinceridade os uniu, e Manganelli se integrou à turma de Osasco. Elias, mais solto, também convivia com os amigos do irmão mais velho. Se antes o rapaz só aparecia na casa de Elifas e Iolanda aos sábados à tarde para passar horas com o ouvido grudado na vitrola, agora também interagia com quem aparecesse e se atrevia a comentar os discos que ouviam, como os de Chico Buarque, Elis Regina, Gal Costa e, claro, Maria Bethânia. A artista gráfica Maria Luiza Mello ficou encantada com o interesse e também com a certa petulância do irmão de seu colega de trabalho em uma dessas reuniões. "O Elias carregava uma curiosidade insaciável sobre tudo e discutia com quem quer que fosse sobre qualquer assunto, mas principalmente sobre música", conta Maria Luiza. "Nós o apelidamos de Caetaninho, não só pelo visual, que lembrava o do Caetano Veloso, mas também pela capacidade inesgotável de querer se expressar."

Não tardou para que a nova turma também passasse a frequentar a casa dos Andreato. Elton Manganelli, inclusive, testemunhou um pouco da atribulada rotina decorrente das instabilidades de José. "Eu percebia uma fragilidade imensa naquele homem, e ele, se estava em casa, ficava o tempo inteiro trancado no quarto, um tanto alheio à própria família. A Alzira se fez uma mulher de pedra, segurando todas as barras e a revolta do Elias", revela Manganelli. Juçara Morais também lembra bem dessa grande turma, de doze ou trezes pessoas, espalhadas pela pequena sala do apartamento, e Alzira colocando uma ordem possível no fumacê. "Talvez intuitivamente eu nunca tenha me aproximado do pai deles, mas a Alzira se tornou uma referência, de como ter uma mão firme sem ser autoritária, principalmente com a Sulla e a Cleuza", afirma a atriz. "Em relação aos namorados, ela parecia até bem liberal com as meninas." As demonstrações de carinho entre Elias e a mãe sempre foram escassas ou quase nulas. Alzira sempre se preocupou muito com a saúde e o cuidado em relação aos filhos, mas, castigada pela vida, não encontrava espaço para demonstrações de afeto. Foi por essa época, aos dezessete anos, que Elias se lembra de ter dado pela primeira vez um forte abraço e um demorado beijo em sua mãe. "O convívio com pessoas diferentes, a experiência do teatro e também o despertar da sexualidade me fez entender um pouco a dureza de minha mãe", afirma Elias, que, inclusive, matriculou Alzira em uma escola para a alfabetização de adultos. "Eu fiquei por lá mais ou menos uns seis meses, depois me deu vergonha, mas aprendi a ler e a escrever algumas coisas", recorda Alzira.

Elias, agora, era dono do seu nariz. Contratado pela recém--criada Editora Três, ele montava encartes para publicações chefiadas pelos escritores Ignácio de Loyola Brandão e Ruth Rocha, tinha conta no banco – sinal de status na época – e circulava bem familiarizado pelas redondezas da avenida Paulista. Frequentava as sessões do Cine Belas Artes e do Cine Bijou para conferir se os filmes de Ingmar Bergman, Federico Fellini e Costa-Gavras eram mesmo tudo o que comentavam e passava as noites em uma república, montada pela turma de Osasco, na Vila Mariana. A liberdade conquistada, porém, vinha seguida de uma sensação de pânico para Elias, que faria dezoito anos nos próximos meses. A iminência da obrigação de se alistar no Exército se tornava mais assustadora em tempos de ditadura militar. "Brasil: Ame-o ou Deixe-o" era um dos slogans criados pelos militares com o intuito de acovardar a sociedade embebida na ilusão do milagre econômico.

Elias Vicente Andreato, porém, não se intimidou com as represálias que poderiam resultar de sua falta de atenção aos milicos. "Eu não vou para o quartel!", avisou para o pessoal de casa. Ademir, o irmão que já tinha quitado as obrigações militares, se espantou com a rebeldia. "Como não vai? É obrigatório e você foi selecionado", avisou. Elias pediu as contas da Editora Três, deu um beijo em dona Alzira e caiu na estrada. Sem jamais ter saído de São Paulo, pegou um ônibus e só desceu bem depois da fronteira de Minas Gerais, em Pirapora. De lá, tomou a barca que margeia o rio São Francisco, viajou uma semana até chegar a Petrolina e, depois de mais um ônibus, cruzou o sertão pernambucano rumo ao Recife. Desertor da pátria amada e jovem hippie na euforia de um 1973 que poderia ser tudo ou nada, Elias dormiu a primeira noite em uma praça e, logo, encontrou um rapaz para bater papo e receber uma providencial informação. "Em Olinda, tem uma companhia de teatro e parece que o diretor, meu amigo, vai reunir elenco para uma nova peça", falou o anjo da guarda. Sem nada a perder, Elias se apresentou a Fernando Augusto Gonçalves, o tal diretor que comandava um grupo, e faturou um papel na peça *Piquenique no front*, do espanhol Fernando Arrabal, apresentada no Museu de Arte Contemporânea de Olinda. "E aquela rede no quintal da sua casa? Eu posso dormir lá?", emendou a Fernando Augusto, na maior cara de pau. Ficou por lá durante três meses, faxinou semanalmente a casa do anfitrião e renovou a pintura das peças internas e da fachada. Em troca, o prato de comida de cada dia era garantido.

Contato com a família só por cartas. Telefone ainda era um luxo inacessível a eles naquela época. Em pânico, dona Alzira orava incansavelmente em busca de proteção ao filho desertor – até porque pressentia que o garoto feioso já começara a causar estragos. O namoro com uma atriz mais velha terminou porque Elias paquerou o filho dela, que tinha pouco mais que sua idade e não se fez de desentendido. Os dois não foram discretos, e a temporada pernambucana começou a azedar quando o namorado do garoto, revoltado com a traição, ameaçou entregar Elias aos homens do quartel. Bem, Elifas e Iolanda, pelo que ouvira, estavam de férias na Bahia, e descer até Salvador quem sabe não seria a melhor pedida? "Nós nos encontramos e o levei para conhecer Santo Amaro da Purificação e a casa onde Maria Bethânia foi criada", lembra Elifas. Além de matar a saudade do irmão e da cunhada, o fujão teria carona no carro deles para voltar a São Paulo. E, se Ademir tivesse cumprido a promessa, um sargento amigo seu já tinha tratado de pedir a liberação do rapaz fujão junto ao Exército. Uma garrafa de uísque, devidamente embrulhada, saldou o favorzinho.

IV
Rebelde nos bastidores

ENTRE OS QUASE 2 MIL QUILÔMETROS QUE separam Salvador de São Paulo, Elifas, no banco do motorista, percebeu que seria difícil segurar o irmão em um emprego. Elias já dera provas de que não era apegado ao dinheiro, tampouco se sentiria satisfeito em uma ocupação que negasse desafios a sua sensibilidade. O primogênito dos Andreato notou os olhos do garoto brilharem ao narrar a experiência com o grupo de artistas pernambucano e as características em comum com o pessoal do Núcleo Expressão. Sua formação cultural, no entanto, era frágil demais, a técnica inexistente, e, fora os amigos de Osasco, Elias não tinha contatos no meio artístico. Seria muito difícil qualquer diretor bater à sua porta e muito menos lhe pagar um salário fixo – algo raro no teatro – para lhe garantir o sustento.

Nos tempos de funcionário da agência de Chico Santa Rita, o rapaz havia feito um rápido estágio na carreira de marginal que, se caísse nos ouvidos da família, geraria preocupações. Ele e os colegas, no intervalo do expediente, almoçavam no apartamento de uma amiga, na rua Peixoto Gomide. Antes disso, passavam por um supermercado e, de olho na distração dos funcionários, enchiam as bolsas de couro com frutas, verduras e biscoitos em nome da diversidade do cardápio. A ausência de fiscalização facilitava o furto, e, na inconsequência juvenil, achavam que nada de mal lhes aconteceria. Pelo contrário, na mente deles estavam desafiando o sistema capitalista.

Não era apenas dona Alzira que se atormentava com a profecia do sogro em relação a um futuro pouco honesto para os netos na cidade grande. Elifas sabia na pele que o comentário do avô Leopoldo não trazia só maldade, tinha certa noção de realismo. Ele mesmo, na adolescência, ficou seduzido com a facilidade dos pequenos roubos, e agora sobrecarregava ainda mais sua responsabilidade ao se lembrar do sofrimento da mãe com a sonoridade da sentença de quase vinte anos atrás. O mais jovem, porém, havia desertado do Exército e melhor não pedir detalhes do que andara fazendo nos últimos três meses em Pernambuco. Elifas reconhecia que o irmão era esforçado, o mais de todos, mas precisava encontrar um jeito de concentrar esse empenho em um trabalho.

Dona Alzira mal completara suas orações, agradecendo o retorno do rebento são e salvo, e uma batida foi ouvida na porta de sua nova casa, em uma travessa da avenida Marquês de São Vicente, na mesma Lapa. "É verdade que seu filho já voltou?", perguntou Juçara Morais, abraçando a dona da casa, ainda um pouco avessa aos carinhos. "É todo mundo pegando carona e viajando para lá e para cá que nem estranhei o sumiço do meu Caetaninho", diz a colega da companhia teatral de Osasco. Dessa vez, Juçara não havia feito uma visita só para matar a saudade. Trazia um recado que seria convertido em convite de trabalho – e com um pequeno salário. O Núcleo Expressão começava a chamar a atenção dos encenadores paulistanos simpatizantes da esquerda. Depois de montar *O Santo e a Porca*, a diretora Elvira Gentil voltaria a trabalhar com o grupo em uma versão de *A Moreninha*, do romance água com açúcar de Joaquim Manoel de Macedo, que teria concepção musical de Vladimir Capella.

Estrela do grupo, Juçara interpretaria Carolina, a romântica personagem-título, apaixonada pelo sedutor Augusto (vivido por Capella). Elvira era íntima dos produtores do recente longa-metragem, protagonizado por Sonia Braga e David Cardoso, e os sofisticados figurinos de época seriam reaproveitados no teatro. O papel de Elias não era nada demais – um dos amigos de Augusto –, mas a produção teria uma estrutura caprichada e, deve ser dito, ele não tinha mais nada de útil para se ocupar.

"Os figurinos eram um luxo, mas o calor parecia uma desgraça, ainda mais dentro do teatro do Núcleo, um galpão de zinco, quente demais", lembra o ator, que participava de sessões vespertinas para as escolas e à noite, abertas ao público, em uma temporada que se estendeu até o primeiro semestre de 1975. Elias também aprendeu a operar luz, comandar a mesa de som e montar cenários, atividades que serviriam de base para a sua profissionalização.

O irmão mais velho, assistindo a uma das sessões de *A Moreninha*, percebeu que não havia jeito mesmo. Elias só seria feliz se pudesse exercer a arte. Badalado no meio artístico, Elifas Andreato se tornara um disputado criador de capas de discos, oferecendo seus traços para as embalagens dos vinis de Paulinho da Viola, Martinho da Vila e Egberto Gismonti, entre outros. Nos anos seguintes, se tornaria ainda o preferido de Maria Bethânia e Chico Buarque. O diretor Antonio Abujamra teve a ideia de convidá-lo para elaborar o cenário de seu novo espetáculo, o monólogo *Muro de arrimo*, que seria produzido e protagonizado por Antonio Fagundes. "Mas, Abu, eu nunca trabalhei com teatro, não sei se vou conseguir reproduzir esse tipo de imagem tão realista", respondeu. "Se você não quiser, tudo bem, mas acho que pode dar certo", rebateu o encenador, cansado de conversa.

Fagundes engrossou o coro. "Eu também vou produzir pela primeira vez, vamos nos arriscar todo mundo junto." Escrita pelo dramaturgo Carlos Queiroz Telles, a peça *Muro de arrimo* é centrada em um pedreiro que, ao contrário dos engenheiros e do mestre de obras, não foi liberado para torcer pelo Brasil em um jogo decisivo da Copa do Mundo. A temática social chamou a atenção do cenógrafo estreante. Elifas criou um muro de 2 m x 1,80 m que seria erguido pelo personagem gradualmente durante a peça. Para isso, ficava apoiado em um elevador, debaixo do palco, colocado em movimento por meio de uma manivela.

"Eu tenho um irmão que quer muito trabalhar em teatro", comentou Elifas, durante uma reunião. Fagundes respondeu que, tratando-se de um monólogo, não teria como oferecer um papel para o rapaz. Também não havia auxiliares na produção, mas precisaria de alguém para ser contrarregra e camareiro. "Sei que não se trata de um trabalho de ator, mas se ele topar...", disse o protagonista, que, além de um salário fixo superior ao recebido em *A Moreninha*, garantia a carteira assinada para o possível contratado. O aspirante a ator profissional acompanhou de perto todo o processo do espetáculo. "Eles pediam água e eu trazia, queriam um café, eu buscava, estava lá para fazer o meu serviço", conta ele, sério. Com a estreia, em novembro de 1975, a rotina incluía ainda a preparação diária da massa – uma mistura de cal, areia e água – usada em cena pelo personagem. O tipo franzino era testado todas as noites. Cabia a Elias dar a manivela para alavancar a pesada estrutura do muro no decorrer do espetáculo e, terminada a sessão, fazê-lo descer ao estágio inicial. O camarim sujo e os figurinos empoeirados precisavam estar limpos para o dia seguinte. Um creme para evitar o ressecamento das mãos de Fagundes também deveria ficar ao alcance. "Eu fiz tudo da melhor forma possível, nunca ouvi uma grosseria, mas, por dentro, fui sendo tomado por uma angústia incontrolável."

Elias foi confrontado com um paradoxo. O carisma de Fagundes encantava a plateia, repleta de pessoas bem vestidas e com dinheiro para um bom jantar na sequência, e o seu trabalho, equivalente ao do pedreiro retratado na ficção, era um retrocesso em comparação ao desenvolvido no engajado Núcleo Expressão. Se quisesse se tornar um ator, o seu caminho ainda seria longo e muito, muito árduo. "Eu percebi que queria ser uma coisa que ainda não era e talvez nunca fosse", diz ele, que também se fragilizava diante da discussão social de a peça ficar, em sua cabeça, reduzida ao complemento de um programa burguês. "Antes, eu trabalhava com os meus semelhantes e para os meus semelhantes, mas, agora, me vi diante de pessoas diferentes de mim em todos os lados."

Elias jamais desabafou para Fagundes, Abujamra ou mesmo para o irmão – que, com aquele emprego, quis lhe oferecer uma oportunidade no meio teatral. Em um sábado, do último fim de semana da temporada, no entanto, protagonizou uma polêmica que surpreendeu a todos. O *Jornal da Tarde*, de 31 de janeiro de 1976, chegou às bancas com uma matéria intitulada "Elias não aguenta mais derrubar o muro", seguida da linha fina "Seu sacrifício termina amanhã, quando a peça do [Teatro] Aliança Francesa sai de cartaz". Em um ímpeto juvenil, Elias afogou as mágoas diante de um jornalista que só queria detalhes dos bastidores do espetáculo e não controlou a língua ao expor as frustrações de camareiro e contrarregra.

"Não aguento mais assistir ao espetáculo. Cheguei até a fazer algumas marcações para entrar com o som no momento certo sem ter que ficar olhando para o palco", diz ele, que também ficou encarregado da sonoplastia. "Estou com vinte anos. Vi pouca coisa de teatro e tinha a necessidade de chegar perto, discutir com as pessoas, dizer para os atores que você gostou muito, coisas assim. Mas aí você vê que eles não estão preocupados com isso, e fica um relacionamento frio, distante."

"Veja o Abujamra: não dirigiu coisa nenhuma. Quando o vi pela primeira vez percebi que era velho. Ele começou a querer ensinar coisas. Decoradas. Só vem ver quanto está dando a bilheteria, de vez em quando entra, fala com o artista, faz um adeusinho para o resto dos funcionários e sai. Agora, quando o Fagundes for para o Rio gravar a nova novela da Rede Globo [o ator foi contratado para estrear na emissora carioca em *Saramandaia*], vou ver se saio dessa e faço qualquer outro trabalho que não seja de contrarregra ou sonoplasta."

Para finalizar, Elias escreveu e teve até publicado o que batizou de "manifesto do contrarregra" para expressar a sua decepção.

"Quero agradecer ao sr. Antonio Abujamra por me dar a função de abrir as cortinas dos grandes palcos iluminados, de paredes folheadas a ouro, onde estão os deuses menos classificados – mas intocáveis – e seus fiéis que os idolatram com as mãos agitadas para o alto, comentam suas vestes, pagam qualquer preço para sorrir e, em seguida, vão para as suas casas em silêncio, porque os seus deuses não falam – eles nunca falam nada. E nunca se sabe se eles pensam ou não."

No início da noite, quando Elias chegou ao Teatro Aliança Francesa, o iluminador o olhou meio esquivo: "O que você andou fazendo por aí, rapaz? Ficou louco?". A bilheteira completou: "Eles estão todos lá no camarim". Elias bateu à porta, como fez em todos os outros dias, entregou o café a cada um e saiu. Pouco depois, Abujamra colocou em sua mão um guardanapo de papel. "Se um garoto de vinte anos como você me respeitasse, eu o desprezaria", havia escrito. Fagundes, mais de quatro décadas depois, encerra o assunto. "O Elias era muito jovem, idealista, não falou merda nenhuma, era só o que ele pensava naquele momento", afirma o consagrado ator. "Mas que a matéria deu uma boa repercussão ao espetáculo, ah, isso deu..."

Fagundes não exagerou. O Jornal da Tarde realmente influenciava um grande número de leitores, e as páginas de variedades eram respeitadas pela classe artística. Irmão do tradicionalíssimo O Estado de S. Paulo, o Jornal da Tarde foi criado na década de 1960 pela família Mesquita para retratar a agitação cultural e as mudanças de comportamento da metrópole. Abujamra ficou arrasado com tamanha exposição e alguns de seus contemporâneos, como os diretores Ademar Guerra e Antunes Filho, vestiram a carapuça, ofendidos com a petulância do moleque. Da mesma geração, o ator e dramaturgo Gianfrancesco Guarnieri, no entanto, imaginou que o garoto teria muito a acrescentar na equipe de Castro Alves pede passagem. O texto de sua autoria, lançado em 1971, ganharia remontagem para uma turnê nacional. Elifas era responsável pelos cenários e figurinos, e o compositor Toquinho assinou a trilha sonora. "Eu preciso de um jovem assim, inquieto, questionador", afirmou Guarnieri.

Elias pagou a língua e aceitou a função de contrarregra e sonoplasta; dessa vez, porém, também seria assistente de direção de Guarnieri. O numeroso elenco – que incluía os atores Renato Borghi, Esther Góes, Martha Overbeck, Othon Bastos e Walter Breda – vinha de experiências em teatro de grupo e permanecia unido pela cumplicidade natural dos que viviam na estrada. Elias identificou que teria ali um ambiente diferente desde o primeiro ensaio. Todos viajavam no mesmo ônibus horas a fio, jantavam juntos, e o jovem assistente, só de ouvido aberto, dava pitacos nas discussões sobre o texto. Em algumas cidades, Elias aportava um dia antes para fiscalizar a montagem dos cenários e contatar centros acadêmicos das faculdades interessados em promover debates com o elenco. Os estudantes queriam ouvir o que Guarnieri, um homem de forte engajamento de esquerda, tinha a dizer sobre teatro e política naquela fase em que a abertura se anunciava. Nos bastidores, Elias engraxava os sapatos do elenco, cuidava dos figurinos e, em todas as cidades, contatava um paleontólogo que lhe arranjasse um papagaio empalhado para uma das cenas. "Eu ainda me sentia mais um operário que um artista, mas, agora, estava inserido dentro de um grupo pelo menos."

Renato Borghi ficou curioso com a personalidade do rapaz ao ler a reportagem do *Jornal da Tarde*. "Sou de uma geração que valoriza a exposição de ideias e me impressionei com a coragem desse menino atrevido", afirma ele, que desviou de uma estrada óbvia para construir uma trajetória de exceção nos palcos. O carioca Renato de Castro Borghi se mudou para São Paulo em 1955, ingressou na Faculdade de Direito do Largo São Francisco e, desprezando as petições jurídicas, conheceu no meio acadêmico a turma que despertaria seu amor pelo teatro. Entre eles, o ator e diretor José Celso Martinez Corrêa, com quem fundaria o Teatro Oficina, companhia que atravessaria a década de 1960 como sinônimo de revolução de estilo e também de resistência ao golpe militar. Borghi protagonizou as emblemáticas encenações de *O Rei da Vela*, *Galileu, Galilei* e *Na selva das cidades*, torrou boa parte do dinheiro de sua família em nome da arte e, na defesa de ideias críticas e de teor político, não associou seu nome a um teatro mais rentável.

Agora, em meio à turnê de *Castro Alves pede passagem*, era esse artista combativo que parecia encantado com a sinceridade do bicho-grilo Elias. O iniciante não filtrava o raciocínio antes de falar mal de passagens que julgava desnecessárias no andamento da montagem, ouvia com interesse as discussões teóricas do grupo e desbravava os impedimentos para atender as necessidades da produção em cada cidade. O pulso firme ao lidar com Guarnieri e seus exageros com a bebida, algo que tinha aprendido em casa, também chamava a atenção dos colegas. "Em Porto Alegre, o Guarnieri meteu a mão na cara de um espectador em um debate e deu a maior confusão até eu conseguir esvaziar o auditório", conta Elias.

O casamento de cinco anos de Renato Borghi com a atriz Esther Góes, também coprodutora, se mostrava desgastado o suficiente para os dois enfrentarem recorrentes conversas sobre uma iminente separação. Elias, aos 21 anos, surgiu como a motivação que faltava para Borghi, de 39, arrumar as malas e assumir uma nova vida. "A única condição de Esther foi que eu não deixasse de visitar Ariel, o nosso filho, todos os dias", conta Borghi. Durante a temporada carioca de *Castro Alves pede passagem* no Teatro João Caetano, o ator chamou Elias para um tímido pedido de namoro em um banco da praça Tiradentes. "Eu já conversei com a Esther e você não precisa se preocupar porque ficou tudo bem. Eu vou sair de casa e quero saber se, dentro de alguns meses, você quer morar comigo", perguntou. "Quero!", respondeu o rapaz, tão rápido e decidido que chegou a assustar o, agora, namorado.

De volta a São Paulo, Borghi e Esther investiram no universo de Bertolt Brecht e Kurt Weill e, sob a direção de Ademar Guerra, montaram uma corrosiva crítica ao capitalismo em *Mahagony, a cidade dos prazeres*. Não teve espaço para Elias no elenco numeroso, que trazia quinze atores, e, mais uma vez, ele permaneceu nos bastidores. O rapaz assumiu a operação da mesa de iluminação e, manuseando o principal refletor, ganhou o apelido de Lili Canhão. Era um misto de afeto e veneno em referência ao relacionamento com um dos donos da companhia, que, pouco a pouco, vinha à tona entre os colegas. Borghi, porém, garante que não havia privilégios e também discriminação da parte do elenco. "Lili Canhão sempre foi adorado por todos e esse apelido era, sim, uma verdadeira demonstração de carinho."

Uma figura importante para Borghi e Esther, no entanto, não disfarçou uma forte resistência ao intruso. Além de administradora da companhia, Regina Malheiros era madrinha de Ariel e tinha uma relação fraterna com o casal. Carioca, Reginona, como era conhecida, começou como camareira dos shows do Copacabana Palace, ralou nos bastidores das revistas de Carlos Machado e trabalhou com o grupo de Fernando Torres e Fernanda Montenegro nos anos 1960. Em São Paulo, sua esperteza e facilidade para lidar com o dinheiro – algo raro no meio – a transformaram em administradora do Teatro Oficina e mulher de confiança da turma de José Celso Martinez Corrêa. Com o desligamento de Borghi, ela passou a levantar os tostões e fechar o caixa das produções do amigo e de Esther. "A Reginona me testou muito até demonstrar que gostava de mim porque, de certa forma, eu apareci para separar duas pessoas muito queridas na vida dela", conta Elias, que se tornou um estagiário em produção nas mãos de ferro da veterana. "Tem carta de motorista?", perguntou ela, certo dia, com a voz dura. "Então, pega meu fusca e vai rápido buscar os tecidos que a costureira precisa para fazer os figurinos." Na volta, mais tarefas o esperavam. Era preciso passar na gráfica para apanhar os cartazes e ingressos impressos. Reginona largava o material de divulgação nas mãos do rapaz e o mandava entregar nas redações de jornais e revistas. "Ela nunca me deu colher de chá e aprendi muita coisa com a determinação dessa mulher."

Mahagony, a cidade dos prazeres não caiu nas graças do público, e, preocupada com os débitos, Reginona mandou Borghi e Esther pensarem logo, logo em um novo espetáculo. Até porque a despesa estava prestes a ser aumentada. Borghi, finalmente, saiu de casa e alugou um apartamento de quarto e sala na avenida São João, na altura da avenida Duque de Caxias, para viver com Elias. "Fiquei mais tranquila quando meu filho foi morar com o Borghi no centro da cidade", lembra dona Alzira. "Eu me sentia agoniada com ele trabalhando até tarde e, depois, voltando de madrugada para casa ou precisando dormir por lá." O pai de Borghi, Adriano, não gostou do imóvel – achou muito apertado e mal localizado –, mas não se opôs à decisão do filho em romper o casamento com Esther e, inclusive, providenciou a pintura dos poucos metros quadrados do apartamento. Reginona, por sua vez, deixou a dureza de lado e acompanhou o novo casal. Quando não estava no Rio de Janeiro, onde moravam o marido e seus filhos, era no sofá da sala de Borghi e Elias que ela se acomodava feliz da vida. "Ali, eu soube como é viver em família, de uma forma carinhosa e tranquila, como nunca tive na minha própria casa", revela Elias. Entre os cochichos de Borghi e Reginona, Elias percebeu que uma nova etapa estava para começar. *Pequenos burgueses*, do russo Máximo Gorki, seria o próximo espetáculo da companhia de Borghi e Esther, ainda para o primeiro semestre de 1977. Mesmo separados, os dois não romperam a parceria artística, afinal, foi paixão pelo teatro e o engajamento em torno de ideias de contestação social que os uniu. E ali teria um papel para o aspirante a ator, finalmente, pisar no palco como profissional.

V

Pequenos passos na revolução

PEQUENOS BURGUESES DEFINE COM LOUVOR o papel de um clássico. A peça do russo Máximo Gorki, escrita em 1900, atravessou quase um século com atualidade e estabelecia plena conexão com o Brasil de 1977. A luta para se desvencilhar dos militares rumo a uma abertura política seguia a passos firmes e persistentes. Os conflitos de uma família incapaz de romper com vícios e mesquinharias espelham o autoritarismo, a repressão e a necessidade de se tomar partido em nome de mudanças, sejam elas quais forem. Renato Borghi, que já havia brilhado na montagem do Teatro Oficina em 1963, assumiu a direção de uma encenação concebida a quatro mãos e privilegiados neurônios com Esther Góes. Além da dupla, o elenco da estreia no Teatro Taib, em 16 de julho de 1977, reuniu Raul Cortez, Carlos Alberto Riccelli, Etty Fraser, Chico Martins, Abrahão Farc, Beatriz Berghi, Theresa Amayo, Tereza Freitas, Juçara Morais e Elias Andreato, na pele do estudante Chíchkin, que, nessa data, se oficializava ator profissional.

"Espere, não o atrapalhe! Isso pode ser interessante. Eu adoro ouvir o Tieteriev, senhores! Contudo, de vez em quando, ele consegue colocar uma pulga atrás da nossa orelha...", dizia Elias como Chíchkin ao personagem Piotr (vivido por Borghi) em sua primeira cena, referindo-se a Tieteriev, papel de Raul Cortez, também presente no palco. "Ora, é preciso dizer a verdade, meu caro. Até ao falar de bobagens, é preciso ser sincero. Eu admito de uma vez que até hoje nunca disse uma palavra que fosse original. E bem que eu queria, senhores...", completava o personagem de Elias em uma fala de direta conexão com os anseios do artista estreante.

"Nossa, como você é ruim, muito ruim!", soprava em seu ouvido Raul Cortez, todas as noites, de quartas a domingos, logo que se encaminhavam para a coxia depois dessa cena. Intérprete de forte presença e celebrado como um dos mais importantes do país, Raul Cortez representava Tieteriev, misto de filósofo e alcoólatra, perdido entre a amargura e a arrogância.

Elias sabia que sua entrada no mundo profissional, ao lado de nomes expressivos e em uma produção grandiosa, representava uma vitória na curta trajetória. Afinal, havia menos de dois anos abraçara a função de camareiro de Antonio Fagundes no solo *Muro de arrimo* com o interesse de fazer algo além de funções burocráticas.

Tudo bem, como o papel era pequeno, Borghi, Esther e a produtora Regina Malheiros, talvez também em nome da confiança, lhe passaram outras missões, como cuidar da contrarregragem, mas nada que lhe diminuísse naquele momento. Elias, no entanto, era incapaz de ficar imune ao sarcasmo insistente de Raul Cortez, inegavelmente um homem culto, inteligente e talentoso. Como dizia o personagem, uma pulga se instalava atrás de sua orelha. Ali, vinha à tona sua insegurança, a dúvida de que um dia teria condições plenas de exercer o ofício e, principalmente, se o público o admiraria da mesma forma que artistas preparados e carismáticos.

Toda noite, depois dos comentários de Raul, Elias descia três ou quatro degraus na sua não muito elevada autoestima.

Durante os dois meses de ensaios, o jovem intérprete redobrou os estudos do método do russo Constantin Stanislavski, cuja existência ficara sabendo nas aulas do Núcleo Expressão, e agora perceberia que funcionava como uma bíblia para atores como Borghi e Esther. "Nós ficamos doze dias inteiros só dedicados à leitura do texto de Gorki, decodificando cada frase na tentativa de entender as intenções do autor", lembra-se ele. Com o tempo, Elias viu a hostilidade de Raul Cortez estendida a outros atores, inclusive aos mais experientes. A atriz Yara Amaral, que entrou para o lugar de Esther, remanejada para a personagem de Theresa Amayo, também foi alvo das alfinetadas do astro. Depois de sua estreia na equipe, Yara recebeu flores de Raul. "Você precisa melhorar, pode fazer a viúva Elena bem melhor do que esta noite, beijos", teria escrito o ator no cartão.

Quando embarca na memória, Elias ainda se comporta como o estreante daquele tempo e guarda mágoa com o pequeno destaque em *Pequenos burgueses*. "Sei que Borghi me deu um personagem que era uma ponta, apenas para me testar, e, se eu fizesse feio, não comprometeria o espetáculo", afirma. Renato Borghi minimiza a situação: "Eu comandava um elenco numeroso e, apesar de apaixonado por Elias, não podia dar atenção exclusiva a ninguém", justifica o diretor. "O personagem, mesmo pequeno, tinha falas que só um bom ator poderia dar e, por isso, o confiamos ao Elias, que o fez muito bem durante o ano em que ficamos em cartaz."

Juçara Morais, a colega do Núcleo Expressão, participou de um teste e faturou o importante papel de Polia, a empregada que se torna a mulher de Nill (vivido por Riccelli), o filho de criação da família burguesa. Recém-casada e com uma filha pequena, Juçara ganhou a chance de despontar no teatro profissional e transformar o reconhecimento que tinha nas mon-

tagens amadoras de Osasco em dinheiro e projeção. Apesar da intimidade, no entanto, a atriz foi pega de surpresa com o romance entre Borghi e seu amigo. "Percebi pelos comentários dos colegas no camarim e, como o Elias sempre foi fechado, só então conversamos sobre isso", revela. "O encontro com Borghi representou para Elias um apoio que ele nunca teve, a possibilidade de novas vivências, de conhecer um refinamento e botar a cara na rua mesmo."
Mesmo vivendo com Borghi, não era com o diretor que Elias deixava o teatro depois das sessões. Os protagonistas se dirigiam ao restaurante Gigetto, ponto de encontro de artistas com um poder aquisitivo mais elevado, e por onde circulavam as estrelas em cartaz em São Paulo. "Eram os cuecões, como a gente chamava", lembra Elias, dando risada, mas reconhecendo que não se sentia à vontade para acompanhá-los. Ao lado de Juçara e Tereza Freitas, porém, o novato pedia um prato de massa nas mesas do Orvietto, na vizinha rua Martinho Prado, e conhecia uma turma animada que varava as madrugadas bebendo cerveja. Era a chamada galera da "bosta rala". Em uma dessas mesas, Elias foi apresentado ao diretor Marcio Aurelio, que jantava acompanhado de duas jovens atrizes, Edith Siqueira e Julia Pascali, e fez um comentário surpreendente. "Eu gostei do seu trabalho em *Pequenos burgueses*", disse Aurelio. Elias ficou feliz que sua performance – na sua visão, tão insignificante quanto o pouso de uma mosca no cenário – tenha despertado interesse do encenador, considerado uma das promessas do momento. "Eu também gostei de uma peça sua, *A farsa da noiva bombardeada*", retribuiu a gentileza. O rapaz se sentiu à vontade, puxou uma cadeira e, como sempre foi fraco para bebidas, no terceiro copo de cerveja, já tinha revelado aos novos amigos a paixão por Maria Bethânia. "Você sabe que *Rosa dos ventos* mudou a minha vida...", confessou.

O burburinho de vozes confundia um pouco a sonoridade daquelas madrugadas, mas, no Orvietto, Elias interferia em conversas provocativas sem o medo de falar bobagem, como acontecia entre os contemporâneos de Borghi e Esther. Por ali, o papo era bastante crítico em relação ao teatro dos medalhões e, principalmente, de igual para igual, afinal, todos tinham idades próximas e buscavam formar as próprias bagagens. Assim, como os personagens de Pequenos burgueses, Elias enxergou a chance de abrir espaço a pequenas revoluções em nome de uma identidade própria e , quem sabe, poderia ter encontrado um núcleo de guerrilha.

Um movimento tomou impulso na cena paulistana da segunda metade da década de 1970. Grupos experimentais como o Pod Minoga e o Teatro do Ornitorrinco se voltaram para a criação coletiva em busca de um teor crítico e irreverente capaz de bater de frente com o chamado "teatrão". O dramaturgo Alcides Nogueira e o diretor Marcio Aurelio uniram as mentes na fundação de uma companhia. Batizado de Os Farsantes, o grupo levou aos palcos uma visão contestadora da cultura e da história brasileira, e, em uma conversa de bar, Elias foi convidado para participar das discussões de um espetáculo que tomava forma. Com o fim da temporada de Pequenos burgueses, o ator encerrou suas atividades de técnico em uma excursão nacional da peça *O que mantém um homem vivo*, protagonizada por Borghi e Esther, e conquistou a alforria para ser artista em tempo integral.

Tietê, Tietê... ou toda rotina se manteve não obstante o que aconteceu satirizou a Semana de Arte Moderna de 1922 através de uma viagem de tintas absurdas. Uma turma de burgueses e intelectuais organiza uma excursão ao Amazonas em busca das raízes do Brasil. Entre eles, os escritores Oswald de Andrade, Patrícia Galvão e Mario de Andrade, a mecenas Olívia Guedes Penteado e personagens fictícios como Macunaíma, a menina

Narizinho e a boneca Emília. "Nós queremos que você faça o Oswald", afirmou Marcio Aurelio, citando o único papel que não tinha escalação. Elias levou um susto. Em um primeiro momento, veio a sua cabeça a imagem do escritor modernista, um homem alto, forte e sedutor. "Não posso, não tenho nem o tipo físico para isso", rejeitou Elias, sem completar que também desconhecia a obra do criador do Manifesto Antropofágico. "Mas não é isso que pretendo buscar nas interpretações", respondeu Aurelio. "Quero mostrar situações em torno desses personagens, não uma reprodução fiel ou uma análise psicológica deles, e você tem o humor e a perspicácia que preciso para construir esse tipo", reforçou o diretor.

Escalada para viver a escritora e ativista Patrícia Galvão, a Pagu, a atriz Edith Siqueira tomou as rédeas da situação e tranquilizou Marcio Aurelio. "Deixa comigo que eu vou convencê-lo", disse, segura. O discurso encorajador da colega levou Elias para uma reunião e, na casa do diretor, na rua dos Ingleses, no bairro da Bela Vista, o ator se sentiu acolhido em meio a um mundo que parecia desconhecido. Livros e revistas sobre teatro, importados e nacionais, ocupavam as estantes que preenchiam a maioria das paredes em um ambiente que não parecia contemporâneo. Os demais companheiros de Os Farsantes – Cecília Camargo, Edelcio Mostaço, Edith Siqueira, João Carlos Couto, Julia Pascali, Marcelo Almada, Maria Cecília Garcia e, mais uma vez, Juçara Morais – se acomodavam pelos sofás ou se esticavam em volta da piscina como se estivessem em uma biblioteca ao ar livre e não tivessem tempo a perder. Como a burguesia intelectual que detonou a Semana de Arte Moderna de 1922, eles liam o Manifesto Antropofágico de Oswald de Andrade, discutiam Monteiro Lobato e o Macunaíma de Mario de Andrade e percebiam que a concepção de teatro poderia ir além da psicologia pregada por Constantin Stanislavski.

Como um professor – e sem clara a intenção de ser –, Marcio Aurelio dissertava sobre as grandes montagens do Teatro Brasileiro de Comédia (TBC), Teatro de Arena e Oficina, que, apesar da pouca idade, tinha conseguido assistir nas vezes em que saía do interior rumo a São Paulo. Propunha leituras de clássicos como *A gaivota*, de Anton Tchecov, *Hamlet*, de William Shakespeare, e *Calígula*, de Albert Camus, e todos compravam a ideia para exercitar o cérebro. "O meu encontro com o Marcio Aurelio me deu segurança para eu perceber que podia sair da aba do Borghi e investir em uma carreira própria", diz Elias, que não se sentia um espectador único, como em seus processos anteriores de preparação teatral.

A temporada de *Tietê, Tietê... ou toda rotina se manteve não obstante o que aconteceu* no Studio São Pedro deu o que falar durante quase um ano, rendeu farta cobertura na imprensa e, como os tais da Semana de 22, Os Farsantes invadiram o Teatro Municipal para uma apresentação. Elias, no entanto, começou a ficar inquieto com o projeto seguinte do grupo. *O filho do carcará* projetava uma leitura social e política do brasileiro e sua dificuldade para se firmar como cidadão. Com o desgaste dos milicos e a anistia, as montagens ideológicas tomaram conta dos teatros, textos censurados ganharam a cena e tudo o que não se pôde falar em uma década e meia começou a vir à tona. O jovem tinha noção que a carreira própria que buscava não passava por esse engajamento. A avalanche de leituras abriu sua cabeça, a admiração por Maria Bethânia vinha endossar essa inclinação pelo intimismo e uma paixão, ainda platônica, por Edith Siqueira lhe acenava novas possibilidades de vida. "Marcio, eu não vou fazer *O filho do carcará*", disse ele, de soco, em uma reunião do grupo. O diretor, disposto a lapidar o talento ainda bruto, entendeu que o rapaz precisava de um mergulho em um personagem, voltar a uma construção psicológica, e teve uma ideia arrojada: "Olha, eu tenho uma tradução de *Diário de um louco*. Quer fazer?", disse, referindo-se ao difícil monólogo do russo Nicolai Gogol.

"Você é bem pretensioso, rapaz, ou não deve ter visto o Rubens Corrêa nessa peça", comentou, um dia, o bilheteiro do Teatro Ruth Escobar, onde, todas as manhãs, ator e diretor ensaiavam o projeto. *Diário de um louco* traz o cotidiano de um miserável funcionário público que, para fugir da realidade, cria um mundo de alucinações que tem na paixão platônica pela filha do chefe o ápice. "Eu não sei como se faz isso, como posso parecer um louco de uma forma pouco óbvia", disse Elias ao diretor quando percebeu o tamanho da encrenca. Para aliviar o peso, Marcio Aurelio organizou a peça em fragmentos, fazendo o personagem surgir com base em cartas em que Elias descreveria como seria sua vida em uma repartição, no trajeto para a casa ou na solidão de seu quarto. Os livros do francês Antonin Artaud ajudariam a compreender as técnicas de gestual e o trabalho com o corpo. "Senti que seu medo era grande e poderia barrar o trabalho, então tentei particularizar ao máximo", lembra Marcio Aurelio.

Diário de um louco foi o primeiro de uma série de solos que definiriam ao longo das décadas a identidade artística de Elias. Sozinho no palco, o ator imprimiria um tom confessional que, muitas vezes, leva o espectador a se questionar se ali, de fato, está o lamento de um personagem ou de seu intérprete. Feliz com a chance de ver o irmão caçula desenvolvendo a vocação, Elifas Andreato recorda da noite de estreia de *Diário de um louco* como uma das mais emocionantes de sua vida. Na plateia do Teatro Célia Helena, dona Alzira assistiu ao filho pela primeira vez no palco, sentada na fileira A, ao lado de Elifas e Sulla. A cena final mostrava o personagem escondido debaixo de uma mesa em um crescente desequilíbrio. "Minha mãezinha, tenha pena de seu pobre filho doente", fala o personagem, que, a seguir, dando vazão à loucura, tira a roupa e corre nu pelo palco. Transtornada, Alzira não separou ficção da realidade e entendeu que o caçula precisava de socorro. "Eu preciso ajudar meu filho, coitado, ele precisa de mim", falou a mãe, que teve de ser impedida por Elifas e Sulla de invadir a cena. "Se minha mãe, uma mulher tão endurecida pela vida, se emocionou tanto é porque meu irmão realmente era um artista", diz Elifas, orgulhoso do desempenho do irmão, que começava a andar com as próprias pernas.

VI
Peças em nome de uma identidade

"OLHA, VOU SÓ DIZER UMA COISA... Você precisa deixar um pouco de lado a Maria Bethânia e trazer mais da Dercy Gonçalves para o palco", afirmou o diretor Fauzi Arap, depois de assistir a uma sessão de *Diário de um louco*. Elias Andreato chegou arrasado em casa e rolou a noite inteira na cama. Não havia entendido se aquilo era um elogio ou uma crítica, e, ainda por cima, o comentário vinha de Arap, criador do show *Rosa dos ventos*, mentor da personalidade cênica da cantora que tanto o inspirou e seu novo amigo. Depois de madrugadas em claro, Elias enxergou a mensagem cifrada e, séculos adiante, vestiu a humildade para pensar como poderia praticar o conselho sem descaracterizar um estilo. "Fauzi Arap sugeriu que eu fosse mais natural, espontâneo e até leve em cena, eliminando a voz empostada e o tom declamatório que eu realmente usava", afirma o ator.

Renato Borghi lhe orientara sobre o excesso de referências em relação à intérprete baiana, mas o jovem se fez de desentendido. Afinal, quem era o companheiro para falar, logo ele, o maior fã de Dalva de Oliveira e de suas canções de amor passionais? Em sua adolescência artística, Elias não parecia disposto a ouvir a opinião de quem quer que fosse, sejam elas tão confiáveis como as de Borghi ou de Arap. Pela primeira vez, a sua voz ganhava certo volume, a ponto de ser ouvida por algumas pessoas. E não apenas no palco. A plateia do monólogo de Nikolai Gogol era irregular, mas assentos desocupados não o abatiam. "Na segunda semana, eu me apresentei para um único espectador, que veio me parabenizar no final, talvez constrangido pela casa vazia", conta. "Eu respondi que não via mal nisso, afinal, só o prazer de interpretar aquele texto já me deixava feliz."

Pouco antes do início dos trabalhos com Os Farsantes, Elias entrou para um projeto que, nos quatro anos seguintes, colocaria em xeque sua personalidade para se posicionar diante de fatos e escolhas. No final da temporada de *Pequenos burgueses*, Borghi acatou o chamado da atriz Célia Helena para dirigir *Rezas de sol para a missa do vaqueiro* e convidou o parceiro para o papel de assistente na peça. Seria apenas mais um trabalho de bastidores, se não fosse pela presença no elenco da atriz Maria Rita Freire Costa.

Sob o patrocínio da Funarte, Maria Rita idealizou e coordenou o projeto "A Arte como Processo de Recriação em Presídios", desenvolvido na Penitenciária Feminina de Santana, na zona norte paulistana, com o objetivo de usar o teatro como elemento na reabilitação das infratoras. Não se tratava de apresentar espetáculos para tê-las como espectadoras e, sim, transformá-las em autoras e protagonistas de montagens produzidas no próprio presídio. A socióloga Conceição D'Incao, a psiquiatra Eros Volúzia e a fotógrafa Iolanda Huzak, mulher de Elifas, foram escaladas a dedo para a equipe, que seria completada por Elias.

O trabalho pioneiro consistia na realização de um espetáculo de criação coletiva para discutir a realidade dessas mulheres privadas da liberdade. O jovem ator se tornaria o responsável pelo formato dramatúrgico e pela direção da peça, que seria apresentada ao público, na capela da penitenciária, no final do ano. "Durante os ensaios de *Rezas de sol para a missa do vaqueiro*, eu percebi que Elias lidava com os atores de um jeito diferente, mais delicado e paciente que a maioria dos diretores, e era de alguém com esse perfil que precisava ter ao meu lado", afirma Maria Rita, encarregada ainda da preparação corporal e vocal das detentas.

Nos primeiros dias de 1979, Elias se posicionou diante de um grupo de trinta mulheres e contou como o teatro incluiu perspectivas em sua vida fadada à mediocridade. "Sou filho de um casal de lavradores do interior do Paraná que chegou a São Paulo com os filhos sem saber direito onde passaria a noite", começou o discurso. "Fui fazer teatro amador e, quando vi Maria Bethânia em um show, descobri que era aquilo que queria fazer na minha vida", contou, mais adiante. As presas ouviam desconfiadas, algumas mais curiosas e despachadas, outras já dispostas a uma interação. "Você queria ser a Maria Bethânia ou só cantar e se vestir como ela?", perguntou uma. "Queria trepar com ela?", disparou, na sequência, a segunda. Com naturalidade, Elias respondeu a cada uma das questões e dava início a um árduo processo de conquista da confiança daquelas mulheres: "Não, eu sonhei com o que poderia ser meu futuro naquela noite, entendem?".

Durante os próximos meses, Elias tornaria as visitas ao presídio cada vez mais regulares. Primeiro, era uma vez por semana, depois passaram a duas ou três, até a reta final dos ensaios, que exigia presença diária em um dos turnos, de segunda a sábado. O compromisso não perturbaria a agenda de ensaios de Os Farsantes que tomava conta do resto do dia. Os trabalhos para o primeiro espetáculo, batizado de *Favor não jogar amendoim*, começaram baseados nas memórias e depoimentos sobre a origem e identidade de cada uma. Estimuladas a contar histórias e os motivos que as levaram ao cárcere, as infratoras alteravam humores e testavam a paciência da equipe, exigindo um suporte psicológico em tempo integral. Quando provocadas, algumas despertavam o lado infantil e agiam como crianças. Aqueles mulherões, que ali estavam em grande parte por causa de um homicídio, ficavam horas debruçadas sobre uma cartolina rabiscando pessoas em forma de palitos e casebres iluminados por um sol amarelo. "Outras tentavam me beijar na marra e pegar no meu pau", recorda Elias, que, nos primeiros meses, passou a ter o reforço de mais um colega, o músico Ademir Martins, amigo dos tempos do Núcleo Expressão. O grupo coordenado por Maria Rita deparava com situações que eliminava qualquer caráter lúdico da atividade. Uma presa não aparecia em duas ou três aulas, logo vinha o comunicado de sua morte. "Nunca soube de um suicídio lá dentro, sempre eram casos de execução", diz Elias. Outras, no ápice da dedicação, eram transferidas de cadeias sem explicações, e ainda havia aquelas que caíam em depressão e rejeitavam ajuda psicológica. "Nós conquistamos pouco a pouco a confiança dos diretores do presídio e ficávamos sempre atentos, pois qualquer problema podia representar um passo atrás", lembra a idealizadora do projeto.

Elias, muitas vezes, saía esgotado de Santana e chegava aos ensaios de *Tietê, Tietê... ou toda rotina se manteve não obstante o que aconteceu* tenso e sem energia para mergulhar em outro trabalho. O diretor Marcio Aurelio cobrava uma noção do contexto e do ambiente onde o ator estava inserido para que a energia negativa não interferisse no processo. "Veja bem com quem e por que você trabalha e delimite um foco quando estiver na penitenciária, caso contrário será sempre penoso para você e quem estiver a sua volta", disse ele, chamando a atenção. Por outro lado, Marcio Aurelio sabia o valor do exercício para um artista em formação, com mais facilidade para aprender nas situações práticas que debruçado sobre as teorias. "As presas ofereceram depoimentos muito fortes que permitiram a Elias um salto na compreensão desse teatro biográfico, voltado para o tom confessional, que viria a caracterizar seu trabalho."

Favor não jogar amendoim estreou em dezembro de 1979 e, devido à repercussão, estendeu temporada ao mês de janeiro. Uma detenta recebia o público na porta do presídio com um megafone e o encaminhava até a capela, que tinha capacidade para quatrocentas pessoas. A primeira imagem vista pelo espectador era delas, atrás de grades, como se fossem animais perigosos nas jaulas de um zoológico aberto para visitação. As presas transformadas em atrizes vestiam malhas escuras, caracterizadas como feras, e, quando iluminadas pelo canhão, cada uma iniciava o solo confessional.

Uma das cenas mais emocionantes era protagonizada por uma garota estrábica e franzina, de 22 anos, que chegou à cadeia incapaz de completar uma frase extensa. "Sim, senhor" e "não, senhor" era o máximo que falava, sem olhar para o interlocutor. Elias propôs que ela cantasse uma música de sua preferência, e a escolhida foi "Maria Chiquinha", tema sertanejo composto por Guilherme Figueiredo e Geysa Boscoli, que seria popularizado nos anos de 1990 pela dupla Sandy e Júnior. A jovem vinda da área rural, que, na ficha cadastral, era descrita como doente mental, aos poucos integrou-se ao grupo e elaborou uma curiosa interpretação incorporada ao espetáculo. "Todos se divertiam muito, mas não riam dela e sim da forma como ela encontrou uma representação para a história contida na letra da música", endossa Elias, que levou a equipe do presídio a rever o laudo da moça. "Ela não era louca, só estava deslocada de seu meio."

Surpreendente também foi o resultado do trabalho de uma jovem, chamada Patrícia, que revelava em longos textos anseios existenciais e reflexões sociais. "Nós ficamos muito próximos e passei a chamá-la de 'minha Clarice'", conta Elias, em referência à escritora Clarice Lispector. Patrícia teve um papel importante de convencimento junto às colegas para que o projeto fosse aceito e contasse com a participação da maioria. Maria Rita também recorda da firme liderança da moça. "A Patrícia tinha um talento incomum e uma sinceridade impressionante para se expressar e refletir a condição daquele momento", completa.

Na cena final, todas se deitavam no palco, como se dormissem em uma grande cela, e apenas uma se levantava para apontar uma arma invisível à plateia. O impacto foi grande na comunidade e despertou o interesse da imprensa, que passou a divulgar a atração nos roteiros culturais dos jornais. Ruth Escobar, José Celso Martinez Corrêa e Marília Pêra aplaudiram de pé o projeto da penitenciária depois de uma das sessões. Renato Borghi testemunhou no dia a dia a dedicação e o desgaste pessoal do companheiro. "Ele mostrou uma enorme capacidade ao transformar um material bruto e desconexo em dramaturgia", elogia Borghi. O salto profissional veio seguido da realização de um ideal de engajamento que tanto almejava e fazia diferença no Brasil da virada da década de 1970 para a de 1980. "Pela primeira vez, Elias se viu comprometido em um processo social e político, capaz de transformar a realidade das pessoas, e gerou inegável empatia naquelas mulheres oprimidas", completa Borghi.

Cela forte – mulher, a segunda montagem do grupo, estreou em dezembro de 1980. O foco ampliou a discussão sobre o universo feminino em diferentes planos. Com a abertura política, o feminismo ganhou destaque na mídia e várias detentas acompanhavam o programa *TV Mulher*, exibido nas manhãs da

Rede Globo. Elas interpretavam situações relacionadas ao nascimento, casamento, sexo, parto, rotina doméstica e violência, e, dessa vez, a produção saiu dos limites da Penitenciária Feminina. Convidado pelo Sesc, o espetáculo realizou uma apresentação no Teatro Anchieta, palco nobre das grandes temporadas da cidade. As infratoras foram liberadas para o evento e, nesse dia, a confiança entre elas e o diretor foi testada no seu limite. Qualquer descuido, o projeto iria para a sepultura junto com a confiança dos dirigentes do presídio.

Elias e o grupo saíram em um ônibus fretado acompanhados apenas de uma agente policial. "Pessoal, este trabalho é muito importante para mim e, se alguém fugir daqui, ele acaba, o.k.?", disse o diretor. "Além disso, vocês também vão tirar a oportunidade de outras mulheres fazerem teatro no ano que vem", completou. Patrícia saltou de seu banco e soprou no ouvido de Elias. "Isso é uma sacanagem e você não tem o direito de pedir uma coisa dessas a alguém que ainda tem 35 anos de cadeia pela frente", disse a presidiária. Elias sentiu o tranco. "Eu não vou fugir, mas quero beber, então você trata de descolar algum para mim e tudo certo", finalizou ela. *Cela forte – mulher* ainda realizou sessões na Penitenciária Masculina do Tremembé e foi tema de debates abertos ao público entre as presas e os organizadores. Elias ainda dirigiria a peça *Fala só de malandragem* e trabalharia mais dois anos no projeto, que seria encerrado em 1983 e se tornou um marco em relação aos processos de reabilitação.

O patrocínio do trabalho carcerário trouxe um respiro financeiro até então desconhecido na carreira de Elias. O salário fixo possibilitava ajudar os irmãos Elifas e Sulla nas prestações da casa financiada de dona Alzira e dividir as contas do mês com Borghi no amplo apartamento da alameda Santos – uma doação do pai, Adriano Borghi, que nunca se conformou de ver o filho no quarto e sala da avenida São João. Sua carreira teatral também havia engrenado e, depois de *Diário de um louco*, Elias participou da nova e bem-sucedida parceria do dramaturgo Alcides Nogueira e do diretor Marcio Aurelio. Protagonizada por Umberto Magnani e Denise Del Vecchio, a peça *Lua de ce*tim fez sucesso comercial, rendeu prêmios aos atores principais e garantiu um bom percentual de bilheteria ao elenco. Na trama, Elias era o filho do personagem de Magnani, um alcoólatra sonhador. O estilo bonachão do ator, descendente de italianos e com muita disposição para a conversa, levou Elias a estabelecer inevitáveis comparações ao seu pai, José Vicente. Cada vez que pisava no palco, o ator enxergava no pai do teatro espantosa semelhança com o pai da vida real. "Eram os mesmos olhos azuis, a mesma alma delicada e poética, a mesma humanidade. Aquilo me emocionava a cada noite, mais que qualquer coisa", recorda-se, tocado. "Foi um trabalho que repercutiu para todo mundo, mas para mim não sobrou muita coisa, além dessa tentativa de compreender um pouco do meu passado."

Uma ponta de ciúme pairava sobre a relação de Elias e Borghi. A parceria profissional com Marcio Aurelio se solidificara cada vez mais, e Elias havia se tornado praticamente um visitante em casa – ainda mais diante do extenso trabalho desenvolvido na penitenciária. Por outro lado, Borghi sabia o valor de uma afinada relação artística e, durante um bom tempo, preferiu o silêncio. A atriz Edith Siqueira também se tornava inseparável e muito influente na vida de Elias, e Borghi, por experiência própria, jamais foi ingênuo em relação a casos extraconjugais. "O Elias talvez nem enxergue isso, mas sempre manteve uma independência, fazendo exatamente o que queria, e percebi que não poderia interferir também nesse momento dele", afirma Borghi.

Desde as primeiras conversas, nas mesas do restaurante Orvietto, Elias não tinha disfarçado o encantamento em relação à Edith. Morena, de olhos grandes e arregalados, a atriz nascida em Santo André, no ABC Paulista, era baixinha, mas ganhava o dobro da altura quando defendia suas ideias sobre o teatro e a vida libertária que levava aos vinte e poucos anos. Com um filho pequeno, ela batalhava pelo próprio sustento sem contar com mesada ou pensão – ao contrário de boa parte da classe artística –, e, vaidosa, logo se sentiu estimulada ao perceber que sua segurança fascinava Elias. Em um dos primeiros ensaios de *Tietê, Tietê... ou toda rotina se manteve não obstante o que aconteceu*, Elias e Edith, na pele de Oswald de Andrade e Patrícia Galvão, rolaram pelo chão, e o ator não disfarçou para a colega a excitação. Ele abriu a cabeça para entender que o relacionamento com Borghi não seria uma barreira para essa experiência heterossexual. Afinal, os tabus comportamentais, pelo menos entre os seus colegas, pareciam ter ficado no passado, e o próprio companheiro viveu plenamente uma paixão transformada em casamento no passado.

Elias e Edith fizeram do jogo de sedução contínuo um namoro durante os ensaios do espetáculo *Trágico à força*, dirigido por Marcio Aurelio em 1982, com base em cinco peças curtas de Anton Tchecov. A atriz, que também era casada, se tornou uma parceira criativa à altura dos sonhos de Elias, capaz de incentivá-lo nos maiores desafios e aplaudi-lo de pé ao vê-los concretizado. Não havia cobranças ou repreensões. Os dois se amavam, se divertiam, brigavam de trocar tapas e, acima de tudo, cresciam juntos.

Graças ao discurso dela, o ator venceu a resistência de interpretar Oswald de Andrade em *Tietê, Tietê... ou toda rotina se manteve não obstante o que aconteceu*, topou solar em *Diário de um louco* e determinou que a adaptação de *Trágico à força* seria assinada pelos dois, além de Marcio Aurelio. "Edith tinha a vida dela com o marido, eu levava a minha com o Borghi e estava tudo certo dessa forma", simplifica Elias.

Talvez nem tanto assim. Borghi virou um transeunte entre os cômodos de seu apartamento, enquanto reuniões de trabalho eram realizadas na sala, com participações ativas de Marcio Aurelio e Edith. O assunto da vez era uma montagem de *Édipo Rei*, de Sófocles, resultado de um grupo de estudos desenvolvido pelo trio em cima das tragédias gregas. "Edith, já sei, você vai fazer Tirésias", vibrou o diretor. Surpresa, a atriz contestou o oferecimento que não lhe pareceu muito claro: "Como assim? Eu vou fazer um travesti, então?". Marcio Aurelio se agarrou com força aos argumentos até convencê-la. "Tirésias foi homem, mulher, bicho, uma entidade e tudo mais que o teatro pode possibilitar", afirmou.

Elias sonhava em fazer Tirésias, mas preferiu se calar em benefício de Edith e se ofereceu para representar o Arauto, ainda um pouco traumatizado com a profundidade das leituras desenvolvidas meses antes. "Aquilo era muito para minha cabeça e pedi para parar em Sófocles e não seguir até Ésquilo, como havíamos planejado", afirma. O diretor ficou um tanto frustrado. Já desenhava em sua cabeça Elias na pele do personagem-título, o rapaz que se casa com Jocasta sem saber que se trata de sua mãe. Elias se tornou Creonte, o irmão de Jocasta. "O personagem mais chato da peça", queixa-se ele.

Em uma tarde, Borghi contou para todos que sonhara com sua mãe e que representava Édipo em um teatro lotado. Elias entendeu o recado do parceiro e convenceu Marcio Aurelio a juntá-lo ao grupo. Não tardou para aparecer o nome de Ítala Nandi, colega dos tempos do Teatro Oficina, para o papel de Jocasta, e o projeto ganhou contornos estelares que desagradaram ao diretor. A atriz, que morava no Rio de Janeiro, pediu para a produção um hotel e suporte para o filho visitá-la, enquanto Borghi espinafrava os figurinos, a trilha sonora e a leitura acadêmica da encenação. "Nada funcionava direito, e o Marcio Aurelio, com sua postura de jovem intelectual, não admitia mexer na peça", lembra Borghi.

Os jornalistas deixaram o restante do elenco de lado e concentraram as entrevistas na dupla central. Elias assumiu que também podia ser egocêntrico. "Desde *Pequenos burgueses*, eu não me sentia tão diminuído, virei de novo aquele figurante humilhado pelo Raul Cortez", reclamou ele, que começou a brigar com o encenador que o acompanhara nos últimos quatros anos. Edith tomou as dores do namorado e também pressionou Marcio Aurelio por mudanças. "O Elias começou a se travar e voltou a se sentir o moleque da periferia que não era merecedor do sucesso", rebate o diretor.

O clima ficou pesado demais para Borghi dar vida ao protagonista em sete sessões semanais, realizadas de quarta a domingo, no Teatro Ruth Escobar, e, assim, jogou a toalha. Com casa lotada, a peça não podia ser tirada de cartaz, e Marcio Aurelio sentiu que era a hora de impor o estrelato a Elias. "Chegou sua hora, você é o rei de Tebas", falou o diretor, exausto de suplicar. Elias assumiu o papel e se confrontou com um desafio profissional que seria fundamental para enfrentar um doloroso momento da vida real.

No final de uma sessão, Elifas, o irmão mais velho, estava a sua espera no camarim. "O Zé Vicente morreu", disse, referindo-se ao pai deles. Desde 1978, José Vicente e Alzira estavam separados. O pai foi instalado por Elifas e Sulla em diversas pensões, das quais sempre era expulso, depois penou em uma clínica até fazer a mala para morar em Cuiabá, onde viviam os outros filhos, Eurípedes, Ademir e Cleuza. Foi encontrado morto, enfartado, dentro de um carro. Uma garrafa de cachaça vazia no banco do passageiro entregou que o álcool foi companhia até os minutos finais. Ninguém pegou um ônibus ou um avião para se despedir de José, que teve o corpo enterrado em Cuiabá diante de meia dúzia de pessoas. "O Elias não deu muita bola mesmo", conta Elifas. "Acho que até nós todos nos sentimos um pouco aliviados", completa.

Toda noite, Elias, na pele de Édipo, dizia no palco do Teatro Ruth Escobar, sem ainda ter derramado uma lágrima de despedida: "Mulher, meu pai está morto debaixo da terra. Não fui eu quem o matou". Com o encerramento da temporada, um mês depois, Elias se trancou em casa e chorou por uma semana sem parar. "Eu caí de um jeito que só ali fui entender que aquele homem tinha uma importância grande na minha vida." O filho caçula curtiu o pequeno período de luto. E seguiu a vida. Agora, todos eles estavam realmente livres de uma imensa preocupação.

VII

O triângulo sobe à cena

O FECHAMENTO DE UM CICLO COMEÇOU a ser desenhado na reta final da temporada de *Édipo Rei*, nos últimos meses de 1983. Abalado com a morte do pai, Elias Andreato percebeu que a muleta da arte – tantas vezes sua salvadora – se mostrava insuficiente. Depois de quatro anos intensos, o trabalho no projeto "A Arte como Processo de Recriação em Presídios" perdeu o interesse para um profissional em franco desenvolvimento. Se o teatro mudou os rumos de sua história, Elias se assumiu ingênuo por acreditar que poderia acontecer algo semelhante com aquelas mulheres de vida tão dilacerada. A impotência se materializou diante do pedido de socorro de uma presidiária foragida ainda durante a temporada de *Édipo Rei*.

Abordado por uma mulher, logo depois de uma sessão no Teatro Ruth Escobar, Elias não reconheceu com facilidade o rosto marcado. Espantado, percebeu que era Patrícia, a quem chamava de "minha Clarice" durante a montagem de *Favor não jogar amendoim* e que não via fazia pelo menos um ano. Ela, muito machucada e possivelmente drogada, implorava por ajuda financeira para sair da cidade ou, quem sabe, do país antes que a polícia a capturasse. Elias quase nada pôde fazer. Disse que lhe pagaria uma pizza e daria uma carona até o centro da cidade. Ao idealismo arranhado, polêmicas políticas e discordâncias com os colegas se juntaram para reforçar seu pedido de rescisão do contrato da ação que se arrastaria ainda por mais dois anos, sem a mesma repercussão.

A parceria com Marcio Aurelio evidenciava também seu desgaste. O trabalho com o diretor, principalmente nos processos de *Diário de um louco* e *Trágico à força*, o abasteceu de bagagem intelectual equivalente a uma faculdade e trouxe uma significativa visibilidade junto à imprensa e à classe artística. Na prática, Elias se considerava um ator diplomado, munido de uma base capaz de servir de apoio para a intuição que sempre o empurrou para a frente.

O método teórico de Marcio Aurelio, no entanto, contrastava radicalmente com o das atividades desenvolvidas na penitenciária. Viscerais e de caráter quase documental, os espetáculos lhe jogaram na cara o valor da audácia para colocar de pé uma peça de teatro. "O Elias percebeu que, ao meu lado, seria necessário um mergulho cada vez mais profundo que ele já não julgava tão importante para a criação", diz o encenador. Se Elias, em um ano, calcado na sensibilidade, colocava no palco mulheres sem a menor experiência – e era reconhecido por isso –, chegara a hora de canalizar parte dessa energia perceptiva a seu favor, inclusive no campo pessoal.

O clima pesado dos bastidores de *Édipo Rei* também respingou nos cômodos do apartamento da alameda Santos. Renato Borghi engatou um romance fora de casa e, sentindo-se culpado, jogou as cartas na mesa. "Os sete anos que passamos juntos foram os mais completos da minha vida, logo seria injusto se eu tentasse manter uma relação em que não existia mais a paixão", explicou ao companheiro. Elias não fez as malas e tampouco saiu do apartamento. Os dois moraram juntos –

sem vínculo sexual – ainda pelos nove anos seguintes. Borghi, porém, sabia que tinha uma dívida a quitar com o ex-marido no campo profissional. Elias sempre se sentiu relegado a um segundo plano, como se o companheiro fosse um professor exigente em relação à atenção do aluno despreparado. Nos últimos tempos, de forma mais explícita, usava seu humor sarcástico para lembrá-lo da insatisfação. Por mais que Borghi considerasse esse pensamento um tanto exagerado, o fato é que o parceiro só despontou ao trabalhar com outras pessoas. A presença de Edith Siqueira, que sempre lhe injetava doses até exageradas de entusiasmo, alimentou ainda mais a sensação de descaso.

Um grande personagem da dramaturgia moderna era imaginado por Borghi para apresentar ao público um Elias diferente, talvez inédito. Nada que insistisse em vinculá-lo a um universo tragicômico ou a um tipo calcado em conflitos psicológicos, algo tão em moda nos anos 1980. O ator precisava provar a si mesmo que tinha condições de representar um homem comum que o desafiasse, inclusive, fisicamente. Era o momento de colocá-lo de uma forma mais naturalista em cena. O difícil seria convencê-lo, afinal, a proposta caminhava contra todas as rupturas que Elias vinha concretizando desde a morte do pai. O artista não queria se prender novamente à aba de um mentor, ainda mais esse homem sendo Borghi.

Escrita pelo sueco August Strindberg, a peça *Senhorita Júlia* trazia o personagem ideal para essa virada: Jean, o capataz bruto e ambicioso, que seduz a aristocrática patroa. Elias foi o pivô do fim do casamento de Borghi e Esther Góes e também o homem que despertou um duradouro sentimento na intensa Edith. A baixa autoestima, no entanto, se mantinha um escudo inabalável que o impedia de reconhecer os próprios atrativos. Em seu espelho, Elias ainda enxergava o sujeito baixo, franzino, feio e, principalmente, desinteressante aos olhares alheios.

"Eu não tenho a menor chance de convencer como esse cara", esquivou-se Elias, de imediato, sobre o personagem Jean. "Não sou um homem viril, tesudo, com quem as mulheres gostariam de ir para a cama", insistiu, como o diretor já esperava. Convencido do poder de persuasão de Edith, Borghi escalou a atriz para o papel-título, mesmo ciente de que poderia haver uma convivência incômoda entre os três. E, se Elias passava longe do perfil esperado para Jean, Edith também estava a quilômetros de distância da doçura e da fragilidade de Júlia. Havia muito trabalho pela frente. O conflito da trama se fecha com a empregada Cristina, que testemunha o contraste social do romance proibido entre o serviçal e a jovem rica. Aposta certeira, Juçara Morais garantiu que defenderia a criada com a garra habitual e serviria de porto seguro para Elias em meio a esse campo minado. "A relação do Elias e da Edith nunca foi bem digerida pelo Borghi", lembra Juçara. "Muitas vezes, eu apaguei incêndios de todos os lados e ouvi lamentos do Borghi, que realmente se sentia preterido. Já deixei a Edith trancada no banheiro da minha casa quando ele chegava por lá de surpresa."

Borghi podia ser vaidoso e disfarçar os sentimentos, mas nunca foi bobo e sabia da importância de Edith para provocar o colega de cena como homem e artista. Elias resistiu, titubeou e relutou muito em assumir a personalidade de Jean e ceder às exigências de Borghi nos ensaios. Para disfarçar os cinco centímetros que media menos que a companheira de cena, ele insistiu com a figurinista em colocar um salto interno na bota para ultrapassar a altura da namorada. Também escolheu uma calça de couro marcada e um enchimento para avolumar uma macheza que julgava não possuir. "Nada foi fácil no processo, afinal, eu transei anos a fio com o diretor e, agora, ele me cobrava uma postura que, desde o início, questionei se teria como oferecer", lembra Elias. "Eu podia não ser um machão, mas estava longe de ser uma bichinha. Afinal, eu comia aquela mulher, me sentia homem com a Edith e tudo isso gerava uma confusão na minha cabeça."

A atriz francesa Henriette Morineau, radicada no Rio de Janeiro desde a década de 1930, se hospedou na casa de Borghi e Elias na mesma época de *Senhorita Júlia*. Devido a problemas cardíacos, a artista enfrentou uma operação e permaneceu em São Paulo por dois meses para consultas semanais. Era visível sua resistência em assistir ao espetáculo. Ela testemunhava os conflitos instaurados nos bastidores – e também não queria ser indelicada diante de um possível fracasso dos amigos. No final da temporada, Madame Morineau, como era chamada, cedeu aos apelos de Borghi. "Elias, você é um ator de muitas possibilidades e deve ser valorizado como artista", disse, com seu sotaque carregado, na saída da sessão no Teatro João Caetano, na Vila Clementino.

Amigo desde a década de 1960, o diretor sabia que, como uma francesa de estirpe, Madame Morineau não praticava a política da boa vizinhança e costumava ser sincera, logo viu seu esforço endossado pela experiente intérprete. "*Senhorita Júlia* foi onde realmente pudemos ter um encontro artístico, colocando Elias no lugar em que estava pronto para ocupar", define Borghi. Passado o tempo, Elias também reconhece o valor do espetáculo, que recebeu críticas positivas na imprensa, como o início de uma virada em sua carreira: "Com esse trabalho, eu descobri que o ator não é só a palavra, mas também o corpo e como ele se mostra no palco".

Se o texto, decifrado com sensibilidade e muita labuta, já não era um bicho assustador, o físico, esse ponto tão fraco, permanecia como um monstro a ser domado. A origem humilde e a instrução precária foram empecilhos contornados em nome do sonho artístico. Difícil mesmo era se livrar da pecha de feio, franzino, narigudo e sem graça. Esses adjetivos depreciativos ainda soavam como uma barreira limitadora em suas investidas. A provocação de Renato Borghi em *Senhorita Júlia* levou Elias a entender que era possível se desafiar em diferentes tipos. Convidado pelo diretor Roberto Lage, o ator participou de sua primeira comédia, *Escola de mulheres*, escrita pelo francês Molière em 1662. Na pele de um velho solteirão, que cria uma menina para, no futuro, desposá-la, ele fez um personagem com pelo menos o dobro de sua idade e chegou a ser comparado a Procópio Ferreira, o ator cômico por excelência do Brasil, em uma crítica de jornal. "Fiquei tão feliz ao ler aquilo", lembra, sem esconder a vaidade.

Com Lage, Elias descobriu o prazer de trabalhar em grupo como nunca antes. Não existia o academicismo pregado por Marcio Aurelio e muito menos o tom autoritário de Renato Borghi. Elias percebeu que era possível fazer teatro com leveza sem ser superficial; logo um novo projeto – talvez o mais desafiador de sua carreira – começou a ser esboçado para a nova temporada. E Elias seria apresentado a uma pessoa transformadora para seu entendimento artístico, a preparadora corporal e futura diretora Vivien Buckup.

Filha dos atores John Herbert e Eva Wilma, Vivien carregava a experiência de bailarina e coreógrafa, mas dava os primeiros passos no teatro. O seu maior desafio, naquele momento, seria transformar Elias Andreato em uma mulher, eliminando qualquer possibilidade de caricatura nos seus gestos e postura. A comédia dramática *Hello, Boy!*, de Roberto Gil Camargo, apresenta uma professora de inglês madura, passada dos quarenta anos, apaixonada pelo aluno adolescente, que descobre ter leucemia. Se pareceu difícil se convencer da capacidade de interpretar um sujeito viril em Senhorita Júlia, dar vida a uma personagem feminina era algo que exigiria um rigor de caracterização, no mínimo, ambicioso. A delicadeza de Vivien o conquistou desde o primeiro encontro. Durante os dois meses de ensaios, Elias fechou a boca e perdeu cerca de quinze quilos, chegando aos 55. "Dessa forma, os movimentos dele ficaram mais leves, delicados", afirmou Vivien. A silhueta foi modelada com espuma, uma peruca bem naturalista completou o visual e, aos poucos, a personagem Olívia ganhou corpo.

Sob a direção de Roberto Lage, Hello, Boy! estreou em abril de 1986 em um desconhecido teatro no bairro do Itaim Bibi, o Domus, e, no segundo semestre, seguiu para o Centro Cultural São Paulo, recebendo mais de duzentos pagantes por sessão. A crítica se surpreendeu com a delicada composição de Elias, que em momento algum remetia a um travesti – "De costas, parece uma mulher. De frente, também", publicou o jornal *O Estado de S. Paulo* –, e apontou o jovem ator Renato Modesto, de dezenove anos, que representava o aluno, como a revelação do ano. "A Vivien me ensinou que, através do movimento, eu posso compor um personagem e acreditar que aquele é o meu corpo. Quando o ator acredita, fica mais fácil de convencer a plateia", diz Elias, que viajou com a montagem por algumas cidades do país.

Em Curitiba, sua performance provocou uma inesperada reação de um espectador desavisado. Um homem de aproximadamente cinquenta anos procurou um dos funcionários do teatro que já começava a ter as portas fechadas e pediu um favor. Bastava entregar aquele buquê de flores para a interessante atriz que acabara de aplaudir mais de uma vez em cena aberta. Os seus contatos estavam anotados no cartão junto ao ramalhete.

VIII

Um ator à força

"Ser ou não ser, eis a questão
Será mais nobre sofrer na alma
Pedradas e flechadas do destino feroz
Ou pegar em armas contra o mar de angústias
E, combatendo-o, dar-lhe fim?
Morrer, dormir
Só isso. E com o sono – dizem – extinguir"

Hamlet, William Shakespeare,
tradução de Millôr Fernandes

QUAL O PESO E OS SIGNIFICADOS DESSAS PALAVRAS? Para o atormentado príncipe dinamarquês, protagonista de um dos maiores clássicos da dramaturgia universal, são muitos. Na tragédia de Shakespeare, o velho rei acaba de morrer, e seu filho, o personagem-título, não é o sucessor ao trono. O poder fica nas mãos do irmão do monarca, com quem a rainha viúva logo se casa. Assim, Hamlet se encarrega de vingar a morte do pai para recuperar a coroa e abdica do amor da jovem Ofélia. Há mais de cinco séculos, essa história se renova em múltiplas leituras transmitidas por artistas em busca dos mais íntimos questionamentos. Para Elias Andreato, que havia dez anos pisara pela primeira vez no palco como profissional, ela vinha carregada, acima de tudo, de respeito à arte. Não basta um ator para representar Hamlet. É necessário um grande ator. Caso contrário, será uma blasfêmia. Não havia reclamação do que vinha acontecendo na última década. Pelo contrário, se católico fosse, diria que até seria pecado não agradecer. O trabalho duro trouxe a recompensa de bons personagens, algum reconhecimento e, principalmente, a possibilidade de exercer um ofício impensado no seu universo de origem. Mas verdade seja dita: Elias tinha mais de trinta anos e não era dono nem de sua própria geladeira. Contribuía nas despesas da casa de Renato Borghi, mas, desfeito o relacionamento, considerava-se um hóspede, morava de favor no apartamento do amigo. Sempre que se fazia uma oportunidade, Maria de Castro Borghi, outrora sogra, não titubeava em lembrá-lo disso.

Nos últimos anos, o rapaz assistia a bons colegas tomando a ponte aérea para trabalhar nas televisões cariocas. Nenhum deles se tornara um bicho estranho e tampouco abandonara a vocação para os palcos. Paulo Betti, Marcos Frota, Denise Del Vecchio e Lilia Cabral, "gente de teatro" que conhecia bem, recebiam salário da Rede Globo e, nas oportunidades certas, lhe diziam: "Vai lá e larga um vídeo. Tenta alguma coisa na tevê".

Empurrado pelo cenógrafo e diretor José de Anchieta, Elias gravou uma fita VHS reproduzindo trechos das peças *Diário de um louco* e *Artaud*, além de poemas de Fernando Pessoa declamados com muita intensidade. A edição ficou bonita e, de passagem pelo Rio de Janeiro, Elias encontrou o caminho da Rede Globo, no Jardim Botânico, respirou fundo e conversou com Cecil Thiré, então diretor de novelas. "Nós não recebemos vídeos", respondeu, seco, o filho da atriz Tônia Carrero. "Seria legal você preencher mesmo uma ficha porque é assim que selecionamos o pessoal."

Qualquer banho morno abala o ator e, diante de tal balde de água fria, só restou a Elias retomar o caminho do seu casulo. Quem apareceu para reanimá-lo foi Esther Góes, que, mesmo priorizando o teatro, conquistava bons papéis na teledramaturgia nos últimos anos. "Você quer mesmo fazer televisão? Tem certeza?", perguntou, incisiva, a ex-mulher de Borghi. "Então, me dá esse vídeo que eu vou entregar a uns amigos na TV Manchete."

Fundada pelo jornalista Adolpho Bloch em 1983, a nova emissora carioca orgulhava-se de exibir uma programação majoritariamente nacional com uma forte equipe jornalística, shows de estrelas da MPB e uma recente e bem-sucedida produção de novelas. Nada que abalasse a hegemonia da Rede Globo, porém, nomes significativos do tradicional canal haviam passado pelo escritório de Bloch e voltado para casa de contrato assinado. Esther deu o material nas mãos de Denise Saraceni, que, ao lado do jovem Luiz Fernando Carvalho, secundavam José Wilker na direção de Helena. O ator havia deixado a Globo e comandava a novela adaptada do romance de Machado de Assis, com Luciana Braga e Thales Pan Chacon nos créditos principais.

Denise gostou do que viu e chamou Elias para ser Luiz Mendonça, papel pequeno, irmão da personagem de Eliane Giardini e que, pela sinopse, teria um rápido flerte com a mocinha do título. Gente de respeito, Aracy Balabanian, Isabel Ribeiro, Sérgio Mamberti, Yara Amaral e Gianfrancesco Guarnieri figuravam no elenco do qual faria parte pelos próximos sete meses, e Elias tomou um avião no Aeroporto de Congonhas – com passagem paga pela Manchete – rumo à Cidade Maravilhosa.

O salário era curto – ou, melhor, proporcional a um ator com o seu tempo de carreira. Elias batia no peito o orgulho de não pedir hospedagem na casa dos familiares de Borghi, e então alugou um quarto na casa de uma amiga de algum conhecido, no bairro do Flamengo.

A anfitriã, que defumava os cômodos com um inseparável baseado, não controlava os gritos do filho pequeno, e o ator, acostumado ao silêncio, mal conseguia concentração para decorar as falas. "Reginona, pelo amor de Deus, me tira daqui ou volto para São Paulo", disse Elias no telefone para a ex-produtora da companhia de Borghi e Esther. Como Regina Malheiros sempre fez a hora e nunca esperou acontecer, a chamada logo foi retornada com a esperança de um pouso mais sossegado. "Olha, o Antonio Gilberto tem um amigo, um ator gaúcho, que acaba de se separar e talvez queira alguém para dividir o aluguel. O nome do rapaz é Gilberto Gawronski."

Elias desceu no ponto de ônibus do largo do Machado e, de cara, simpatizou com o prédio que o papel anotado identificava como seu destino. Gawronski abriu a porta e, na maior fossa, avisou que não pensava em morar com ninguém, mas topava bater um papo. Quem sabe... Ele havia deixado Porto Alegre para estudar na Casa das Artes de Laranjeira (CAL) e pagava as contas como assistente de direção de Naum Alves de Souza na peça *Cenas de um outono*, protagonizada por Marieta Severo. Um pouco estrangeiro no Rio de Janeiro, ainda mais depois da separação, Gawronski falou que Elias podia buscar a mala e se mudar na hora em que desejasse. Sem dar tempo para o outro mudar de ideia, foi imediatamente para o Flamengo e, pouco depois, já ocupava um dos três quartos do imóvel.

O trabalho na TV Manchete correu dentro dos conformes, e Elias se fortaleceu pelo contato nos bastidores com atores tão experientes. As atrizes Eliana Fonseca e Patricia Gasppar vinham de São Paulo para animar os fins de semana cariocas do amigo, e o escritor Caio Fernando Abreu circulava na mesma turma. "Aquele apartamento era uma grande festa na época, o Paulo Gorgulho também não saía de lá", lembra Grawonski. A surpresa, no entanto, é que a convivência com o colega de apartamento lhe abriria novos horizontes. Elias se sentia estimulado diante da biblioteca de Gawronski, e entre seus livros encontrou um que passaria a ser o melhor companheiro das insônias, *De Profundis*, do irlandês Oscar Wilde.

Autor de *O retrato de Dorian Gray*, Wilde era o dândi inteligente e excêntrico que não podia faltar nos badalados eventos da aristocracia londrina no final do século XIX. Bastou assumir um romance com o lorde Alfred Douglas para todos lhe virarem a cara sem a menor crise de consciência. Wilde foi preso e condenado a dois anos de cadeia por prática sodomita e, detrás das grades, escreveu o livro, em forma de carta, em que se dirige ao ex-amante como a causa de sua desgraça.

A novela levou ao ar seu último capítulo, Elias voltou a São Paulo e aquele texto não lhe saía da cabeça. Tomou coragem e, na máquina de escrever, deu forma a um roteiro centrado em Wilde, Bosie – apelido de Douglas – e Sarah Bernhardt, a grande atriz francesa que celebrizou a Salomé do autor irlandês no palco. A sede criativa lhe consumia e, pela primeira vez, o ator descobrira a vontade de também escolher as palavras com as quais se expressaria em cena. Em sua cabeça, Edith Siqueira, agora não mais namorada, mas amiga pelo resto da vida, despontava como a intérprete ideal para Sarah.

Por intermédio de Edith, Elias descobriu que Jorge Takla havia montado um grupo de estudos no Teatro Procópio Ferreira, que era de sua propriedade, para experimentar novas estéticas e descobrir textos e autores. Aos 36 anos, o encenador, produtor, iluminador e tudo mais que o seu talento permitisse era o requinte por excelência. Libanês, Takla era filho de ministro, estudou arte dramática em Paris e trabalhou com um dos papas da encenação moderna, o americano Robert Wilson, em Nova York. Chegou de vez ao Brasil, terra de sua mãe, em 1977 e, em uma década de farta atividade, acumulou sucessos protagonizados por Cleyde Yáconis, Walderez de Barros e Raul Cortez. Logo depois da mudança, um dos primeiros espetáculos a que assistiu foi *Pequenos burgueses* no Teatro Taib, que marcou a estreia de Elias. "Era realmente um papel pequeno, mas eu me lembro muito bem dele em cena", diz Takla. "Tinha um cabelo afro, uma barba grande, aquilo chamava a atenção."

Apesar de tudo nas mãos – talento, prestígio conquistado pelo trabalho e dinheiro para bancar sonhos artísticos –, Jorge Takla andava dominado pela angústia e completamente infeliz. Não sabia muito bem a razão. Só tinha a certeza de que não estava satisfeito com os rumos que seu teatro havia tomado. Queria reverter todas as fórmulas e voltar a experimentar, se esquecer da obrigação de preencher numerosas plateias e apenas receber espectadores interessados em arte. Para aliviar a alma, ele montou uma turma de discussões que contava os jovens atores Mariana Muniz e Rubens Caribé e o coreógrafo Val Folly, entre outros, que chegavam, se entusiasmavam e, pouco depois, desistiam do provocativo trabalho. Edith Siqueira também participou de alguns encontros, mas, sempre crítica, entrou para a lista dos excluídos logo depois de levantar a voz para o anfitrião.

Em um final de tarde, Elias parou na frente do Procópio Ferreira, na rua Augusta, e, com o texto sobre Wilde, Bosie e Sarah finalizado debaixo do braço, pediu para ser recebido por Takla. "Por que você não fica entre nós e participa desse grupo de estudos?", convidou Takla, que ficou com o roteiro para ler. "É um trabalho longo, sem pressa, no final, deve sair um espetáculo." O ator topou e começou a frequentar os encontros de Takla durante a tarde em vários dias da semana. Com a saída de Edith, Elias pressentiu que não seria dessa vez que sua estreia como dramaturgo se concretizaria, afinal, nem Takla tocara mais no assunto. "O texto não era nada deficitário, pelo contrário, era bom, talvez um pouco didático, mas o problema é que não ia ao encontro de meus anseios daquele momento", justifica o diretor, tempos depois.

Entre as recentes frustrações de Takla, uma delas dormia em uma gaveta, ficando um pouco empoeirada. No início de 1986, ele e o ator Marco Nanini se uniram em um projeto que deveria ter resultado na montagem de *Hamlet*. Takla encomendou a Millôr Fernandes uma tradução inédita, e o ator se mostrou receoso diante de um personagem de tal envergadura. Por acaso, era Nanini e Ney Latorraca que lotavam com semanas de antecedência o Teatro Procópio Ferreira de quarta a domingo com *O mistério de Irma Vap*, delicioso besteirol refinado dirigido por Marília Pêra. Takla trouxe a versão de Millôr da tragédia shakespeariana para trabalhar com o grupo e, depois de algumas semanas de leitura, disparou a afirmação que surpreendeu a todos: "Pode se preparar, Elias! Você vai ser o meu Hamlet".

Elias ficou vermelho, não sabia o que dizer, mas não podia se mostrar titubeante. "Eu faço, claro... Nem que seja por um só dia", respondeu ele. Virou um mês, passaram-se dois, então corria o terceiro mês. A cabeça do diretor explodia em criatividade, e o ator tremia diante da responsabilidade. Incorporada ao grupo, a experiente atriz Walderez de Barros dava corpo para a Rainha Gertrudes, e Mariana Muniz trabalhava as falas de Ofélia, quando veio à tona *A gaivota*, outro clássico, dessa vez de Anton Tchecov. Escrita pelo dramaturgo russo em 1895, a peça trava um diálogo direto com *Hamlet*, na verdade, trata-se de uma homenagem de seu autor a Shakespeare através de seus personagens e conflitos. Kostia é um aspirante a escritor, atordoado por uma crise existencial, contrastado com a imagem segura e arrogante da mãe, Arkadina, uma prestigiada estrela do teatro. Apaixonado pela jovem Nina, que sonha em se tornar uma atriz, o rapaz sofre ainda mais quando perde a moça para o escritor Trigorin, namorado de sua mãe. Takla começou a montar uma dramaturgia que fundia diálogos de *Hamlet* e *A gaivota* mantendo os mesmos personagens de cada umas das peças e declarou: "Walderez será Arkadina, Mariana vem de Nina e você, Elias, será o Kostia, o escritor que precisa vencer seus fantasmas para ser de verdade um escritor".

Sofrimento pouco é bobagem. Elias já quase não dormia, perdera a fome, fumava sem parar e se sentia diminuído com qualquer restrição feita ao seu trabalho durante os ensaios. Muito bem-nascido e bem-criado, Takla sabia ser ríspido sem elevar o volume da voz e tampouco explicitar agressividade. O ator percebeu ali o contraste social, se sentia humilhado diante daquele homem elegante e, dia sim, dia não, engolia o choro e a vontade de vomitar boa parte do vocabulário chulo aprendido entre os moleques da Vila Anastácio.

Cego diante da arte, Takla transformou Elias – seja como Hamlet ou Kostia – em seu alter ego e transferiu para os personagens sua crise existencial, ávido para ver o resultado no palco. Aos poucos, ficava cada vez mais ciente do potencial de Elias e seguro de que o ator aguentaria o tranco. "Eu sei que, muitas vezes, exagerei e fiz o Elias sofrer", reconhece. "Mas, para mim, era inadmissível compactuar com aquela postura dele. O Elias crescia a cada dia, mas não se sentia digno de dizer o 'ser ou não ser' e travava depois dessa cena."

Em um ensaio, ele criticou a respiração de seu Hamlet e ordenou que ele se preparasse para dar o texto direto sem pausa para tomar o ar. Na manhã seguinte, Elias entrou em uma piscina e testou seus limites, mergulhado por longos minutos, rebobinando o texto debaixo da água. Dias depois, Takla pediu para soltar o "ser ou não ser" no inglês original, como um exercício de apropriação do personagem. Elias, que não domina o idioma, pediu dicas a um professor de línguas, treinou exaustivamente e, mesmo assim, ouviu críticas severas a sua pronúncia.

"Eu vou desistir de tudo, não sirvo para ser ator", pensou Elias, durante uma madrugada em que caminhava da rua Augusta rumo ao apartamento da alameda Santos. "Tudo que aconteceu até aqui teve sorte, esforço, muito trabalho, mas daqui eu não passo. Preciso pensar em outra coisa para a minha vida."

Tal como no teatro, o conflito decisivo estava exposto. Caberia a Elias Vicente Andreato, aos 33 anos, sucumbir como Kostia, que se mata com um tiro, e desistir do seu sonho. "Ser ou não ser, eis a questão." Tal qual Hamlet, ele precisava se apropriar dessa sentença para se transformar em um ator de verdade. Talvez o mais ambicionado de todos os personagens estava em suas mãos e – por que não? – em seu corpo. Seria ele um artista pleno algum dia? Mariana também sofria o tempo todo, angustiada de dar dó. Walderez era outro papo. Sabia que teatro era parte imensa da vida, mas também existia muita vida além do teatro.

Lago 21 – o nome do espetáculo –, depois de oito meses de ensaios, estava pronto para estrear no mesmo Teatro Procópio Ferreira, só que no fundo do palco, atrás do cenário monumental de *O mistério de Irma Vap*. Uma arquibancada com 36 poltronas acomodaria confortavelmente o pequeno público, todas as segundas e terças, às 21 horas, a partir de 30 de maio de 1988, como nas badaladas encenações experimentais de Nova York. Walderez surgiria muito elegante em um tailleur debaixo de um dos três refletores que iluminariam o corredor. O pianista Guga Petri executaria a trilha sonora clássica ao vivo. O que poderia acontecer? Desistir agora? Não dá mais tempo. Para quem cresceu em um cortiço, assombrado por um pai bêbado e uma mãe temerosa em ver concretizada a profecia do sogro, representar Shakespeare e Tchecov era mais um imenso desafio a enfrentar e, se possível, superar. O artista teria que, na marra, ser Hamlet e Kostia. Elias não poderia fazer essa desfeita ao teatro.

IX
A urgência das palavras

BASTARAM POUCAS SEMANAS PARA QUE *Lago 21* se tornasse um *cult*, como se definia na época os filmes, peças ou shows tidos como obrigatórios para uma parcela dos amantes da arte. Os lugares da seleta plateia eram reservados com mais de um mês de antecedência e até expoentes da classe artística inscreviam seus famosos nomes em uma lista de espera para conferir a montagem de Jorge Takla. Elogiosas resenhas começaram a circular na imprensa e colaboravam para gerar uma unanimidade em torno da produção. "Elias Andreato, sempre talentoso e agora amadurecido, revela-se um Hamlet que chega a surpreender e um Kostia patético como, de certo, Tchecov o imaginou", escreveu o crítico Luiz Fernando Ramos em *O Estado de S. Paulo* vinte dias depois da estreia.

O ator Antonio Fagundes se impressionou com a evolução demonstrada pelo artista em cena. "Saí do teatro feliz de vê-lo em um trabalho tão bonito, tão maduro, fazendo de fato o que ele gosta", relembra Fagundes. A atriz Bibi Ferreira, que também passou pela plateia, fez questão de cumprimentá-lo no final da sessão. "Menino, você deposita uma força rara nos seus personagens", teria dito a estrela do consagrador espetáculo *Piaf*.

Elias percebeu que o esforço e a angústia tinham valido a pena e seu "Ser ou não ser, eis a questão" carregava verdade a ponto de sensibilizar de alguma maneira os espectadores que se dirigiam até o fundo do palco do teatro da rua Augusta. *Lago 21* renovou as energias de todos os envolvidos. Takla venceu o Prêmio Shell de melhor diretor daquele ano e apostou suas fichas nas superproduções. Ele montou na sequência o musical *Cabaret* com grande sucesso – reencontrando seu lugar na cena paulistana, agora, livre da crise artística que o consumia. Convidada por Antunes Filho, a atriz Mariana Muniz entrou para o Centro de Pesquisa Teatral (CPT) com a promessa de viver um dos principais papéis de *Paraíso Zona Norte*, adaptação das peças *A falecida* e *Os sete gatinhos*, de Nelson Rodrigues – que ela nunca estrearia em razão de uma briga com o encenador na fase final de ensaios. Walderez de Barros, por sua vez, dividiu o palco com Paulo Autran e os atores do Grupo Tapa em *Solness, o construtor*, sob o comando de Eduardo Tolentino de Araujo, em uma excursão pelo Brasil.

O processo de amadurecimento artístico levou Elias a aceitar desafios que o fizeram rever não apenas a sua trajetória, mas a de artistas diretamente ligados a sua história. Graças a um convite do diretor Roberto Lage, ele contracenou novamente com Renato Borghi – pela primeira vez depois de *Édipo* – em um espetáculo comemorativo aos trinta anos do Teatro Oficina. *Decifra-me ou te devoro* relembrava de forma irônica trechos de montagens célebres como *A vida impressa em dólar*, *O Rei da Vela* e *Na selva das cidades*, entre outras. Borghi revivia fragmentos de cenas dos personagens que o consagraram enquanto Elias carregava no deboche para interpretar o próprio José Celso Martinez Corrêa. "O Zé Celso nunca comentou comigo o que pensou daquilo tudo até porque deve ter achado muito careta", afirma, com um pé

A família Andreato em visita à cidade de Aparecida, com Elias (à frente, de gravata), ao lado do irmão Ademir; o ator, a mãe, Dona Alzira, e a irmã Sulla; Dona Alzira entre os filhos Elifas e Elias.

Elias à frente dos colegas de teatro amador do Núcleo Expressão; com o grupo Os Farsantes em *Tietê, Tietê... Ou Toda Rotina Se Manteve Não Obstante o que Aconteceu*; ao lado do ator Renato Borghi e com o elenco da peça *Pequenos Burgueses*, sua estreia profissional

Elias com a atriz Edith Siqueira nas peças *Senhorita Júlia, Trágico à Força* e *Édipo Rei* (na página ao lado); como protagonista do monólogo *Diário de um Louco* e, dividindo a cena com Walderez de Barros, no espetáculo *Lago 21*

MABOU MINES
PRESENTS
ELIAS ANDREATO'S
VAN GOGH

DIRECTED BY
MARCIA ABUJAMRA

Em 1993, Elias estreou o consagrador espetáculo *Van Gogh*, dedicado ao irmão Elifas, que lhe rendeu o segundo Prêmio Shell e foi apresentando até em Nova York

O artista roteirizou e protagonizou o monólogo *Oscar Wilde*, sobre o escritor irlandês, que estreou em 1997 e foi aplaudido pela cantora Maria Bethânia

O clássico *O Avarento* foi a última parceria com o ator Paulo Autran; entre Patricia Gasppar e Marília Gabriela na peça *Vanya e Sonia e Masha e Spike*; em um papel feminino, Elias contracenou com Leopoldo Pacheco em *Amigas, Pero no Mucho*

Elias dividiu o palco com Claudio Fontana em *Esperando Godot*; o ator junto ao elenco de *Estado de Sítio*, sob a direção de Gabriel Villela; em cena do monólogo *Artaud, Atleta do Coração* (na página seguinte)

na ironia. As emblemáticas mulheres representadas por Ítala Nandi no Teatro Oficina ganhavam vez na presença da atriz Lígia Cortez, filha de Raul Cortez e Célia Helena, ligados ao grupo no passado. Nada ali carregava a densidade do processo proposto por Takla para trazer à tona os tipos clássicos de *Lago 21*. Elias, agora ciente do seu potencial, se permitia a descoberta do prazer profissional e também de mostrar ao ex-marido que não era mais um aprendiz. Afinal, com esse trabalho, o já não tão jovem Elias trazia o experiente Borghi para a sua turma. Além de Lage, Vivien Buckup trabalhou a preparação corporal dos atores, José Rubens Siqueira costurou a dramaturgia e Fábio Namatame criou os figurinos. A peça também era uma homenagem ao passado de glórias do ex-companheiro que parecia um pouco desvalorizado naquele final dos anos 1980.

Renato Borghi, pela primeira vez, se via em um vácuo na sua profícua carreira. A redemocratização política tirou a força do teatro engajado enquanto as comédias se multiplicaram pelos palcos brasileiros. As rápidas incursões pela televisão, na Rede Manchete, não lhe despertaram o interesse pelo veículo – ao contrário de Esther Góes e Ítala Nandi, que conquistaram bons papéis e reconhecimento nas novelas. Os sucessos mais recentes vieram da inesperada veia de dramaturgo, que lhe garantiu ainda um respiro financeiro. Em homenagem à cantora Dalva de Oliveira, ele escreveu, em parceria com João Elísio Fonseca, o musical *A estrela Dalva*. O espetáculo rendeu mais uma elogiada interpretação de Marília Pêra e se tornou uma das grandes bilheterias da temporada de 1987. No final desse mesmo ano, um novo e surpreendente texto de Borghi, o drama *O lobo de ray-ban*, inaugurou o Teatro Bibi Ferreira, em São Paulo, sob a direção de José Possi Neto. Borghi, sentado na primeira fila da plateia, entre Esther Góes e Elias

Andreato, sentiu o seu ego nas alturas diante dos aplausos na noite de estreia.

Os atores Raul Cortez e Christiane Torloni injetaram densidade em uma história apresentada como fictícia que carregava indisfarçáveis contornos autobiográficos. *O lobo de ray--ban* do título era o consagrado ator Paulo Prado, interpretado por Raul. Casado com a bela e talentosa atriz Júlia Ferraz (papel de Christiane), ele vê a harmonia conjugal e artística abalada ao ceder a uma incontrolável paixão pelo jovem Fernando Porto (vivido por Renato Modesto), artista novato, que acaba de se juntar à companhia teatral mantida pela dupla. A peça ficou em cartaz por dois anos pelo Brasil, rendeu prêmios para o autor e o protagonista, além de gerar uma continuação sob a ótica feminina interpretada por Christiane Torloni duas décadas depois, *A loba de ray-ban*. Borghi, no entanto, considera a obra desvinculada de sua experiência pessoal. "Aquele casal era bem mais que eu e a Esther, eles eram dois expoentes do teatro tradicional, donos de uma grande companhia, com um elenco contratado, algo mais na linha do que Antonio Fagundes ou Raul Cortez faziam como produtores naquele tempo."

A virada da década de 1980 para 1990 representou um grande balde de água fria para os brasileiros, principalmente para aqueles que se engajaram na luta pelo retorno ao voto direto. Em 17 de dezembro de 1989, o Brasil elegeu pela primeira vez depois da ditadura militar um presidente da República através das urnas. Fernando Collor de Mello assumiu o posto em 15 de março de 1990 e, no dia seguinte, surpreendeu a população com o anúncio de um pacote econômico que confiscava os depósitos bancários dos cidadãos, inclusive as populares cadernetas de poupança. Se *Decifra-me ou te devoro* já tinha penado para levar minguados espectadores ao Teatro Igreja, no Bixiga, Elias partiu para o projeto seguinte preocupado só em garantir o mínimo para sanar as próprias contas – algo que grande parte dos brasileiros, inclusive alguns abastados, não conseguia naquele momento.

Escrita e dirigida por Flávio de Souza, a comédia *Sexo dos anjos* colocava Elias e Carlos Moreno, popular garoto-propaganda de uma marca de esponja de aço, em uma reflexão sobre a vida e a morte. No palco, dois atores transitam entre os personagens de William Shakespeare – mais uma vez, o clássico *Hamlet* – com referências também ao dramaturgo irlandês Samuel Beckett em *Esperando Godot*. A peça conquistou o público no Teatro Célia Helena, na Liberdade, e rendeu bons comentários da crítica. "Pela primeira vez, eu me senti completamente relaxado", diz Elias. Despido da carga dramática de *Lago 21*, o ator buscou um lado lúdico de sua alma como poucas vezes conseguiu, dosando com o bom humor e a melancolia característica de seu perfil que cabia naqueles personagens. No caso, a dupla depois de tanto esperar por alguma coisa, que poderia ser o prestígio ou o sucesso, revela-se dois mortos para a plateia. O resultado surpreendeu o próprio artista. Ele terminou a temporada de *Sexo dos anjos* agraciado como melhor ator do ano em três importantes prêmios, o Shell, o da Associação Paulista de Críticos de Arte (APCA) e o da Associação dos Produtores de Espetáculos Teatrais do Estado de São Paulo (Apetesp). "Não considero meu melhor desempenho e acho que os jurados podem ter pensado em fazer justiça porque não se lembraram de mim, no ano anterior, por *Lago 21*", diz ele. "Mas em *Sexo dos anjos* eu me vi em cena sem preocupação com o julgamento de ninguém e deve ter sido positivo para o trabalho."

A leveza de *Sexo dos anjos* coincidiu com o reencontro profissional de Elias com Esther Góes. Desde o fim da atividade na

Penitenciária Feminina de Santana, o artista vinha se dedicando a experiências bissextas na direção de espetáculos. Trabalhou com a atriz Maria Alice Vergueiro na criação do show teatral *O lírio do inferno*, baseado em poemas e canções de Bertolt Brecht, e comandou as atrizes Mira Haar e Patricia Gasppar na comédia *Levadas da breca*. O projeto com Esther, no entanto, marcaria os rumos de sua carreira por investir em um formato que seria o modelo autoral dos principais espetáculos de Elias dali para a frente.

A dramaturgia do monólogo *Não tenha medo de Virginia Woolf* foi criada a quatro mãos – as de Esther e as de Elias – com base nas leituras das palavras da escritora inglesa impressas nos romances *Ms. Dalloway* e *O farol* e no ensaio *Um teto todo seu*, além de biografias e diários. Os anos se passaram, e o garoto de alfabetização precária havia se tornado um artista capaz de trabalhar em pé de igualdade com a mulher culta que sempre admirou e ajudou a profissionalizá-lo como ator.

Se ainda existia alguma mágoa por causa do fim do casamento com Borghi, a sensata Esther, que sempre se mostrou gentil e até afeiçoada a Elias, agora deixava tudo para trás e comprovava confiança no profissional. O objeto de trabalho era uma escritora cuja obra apresenta um retrato da evolução da mulher na sociedade. Não era pouca coisa. "Eu sempre me impressionei muito com a facilidade que Elias tinha para transformar o texto em uma cena, logo me senti confortável para chamá-lo para ser meu diretor", afirma a atriz. "Mas claro que tivemos alguns embates até levantar o espetáculo."

Nos oito meses em que o roteiro de *Não tenha medo de Virginia Woolf* foi preparado pela dupla, Elias precisou adequar a sua visão à da sua parceira. Enquanto ele pedia em cena uma Virginia que falasse em primeira pessoa, mais humana e menos intelectualizada, Esther insistiu em dar voz à mulher através de suas personagens e, vez por outra, trazê-la à tona de forma mais direta e sem máscaras. O equilíbrio foi acertado, e Esther Góes alcançou com esse solo um dos desempenhos mais marcantes de sua trajetória. Ela, que sempre investiu em grandes dramaturgos e brilhou como intérprete de Bertolt Brecht, William Shakespeare e Bernard Shaw, projetou-se no universo confessional da grande escritora. *Não tenha medo de Virginia Woolf* intercalou temporadas em São Paulo com viagens pelo Brasil por dois anos e divulgou o nome de Elias Andreato como um promissor diretor. "Eu me senti quitando uma dívida pessoal que mantinha com a Esther."

Em 1992, Elias Vicente Andreato tinha 37 anos, a mesma idade com que Vincent van Gogh morreu nos braços de seu irmão Theo. Por mais que as evidências o contrariassem, o ator também se considerava tão desvalorizado quanto o artista plástico, que, em vida, vendeu apenas um quadro e dependeu do permanente apoio financeiro e emocional do irmão mais velho. A comparação entre ele e o pintor holandês – fora de propósito e bastante egocêntrica – persistia na cabeça de Elias havia pelo menos oito anos.

Logo depois de protagonizar *Senhorita Júlia*, em 1984, Elias participou de uma oficina sobre o escritor e dramaturgo Antonin Artaud, ministrada pelo diretor Francisco Medeiros, que resultou em um espetáculo escrito por José Rubens Siqueira. *Artaud, o espírito do teatro* trazia quatro atores se revezando na pele do polêmico escritor francês – Giuseppe Oristânio, Haroldo Botta e Ary França, além de Elias. Durante o processo, Elias teve o primeiro contato com a psicanálise, que se estenderia em sessões semanais por duas décadas, e também com a obra e a biografia de Vincent van Gogh, de quem Artaud era fã confesso.

As conversas com o analista jogavam Elifas no centro das discussões. O paciente sempre trazia à tona uma questão. O que teria sido dele se o primogênito não tivesse assumido desde cedo as rédeas da família Andreato? O irmão mais velho continuava inevitavelmente visto como um pai, fosse pelas atitudes diante da vida ou pelo zelo incondicional, mas, tal qual Theo van Gogh, jamais cobrou de forma alguma essa entrega. Perto dos cinquenta anos, Elifas era o pai de dois adolescentes, Bento e Laura, e o casamento com Iolanda Huzak tinha se esfacelado. Do homem que o botou no mundo, Elifas havia herdado o vício pela bebida e, sem uma lucidez crítica, também começava a ter sua família desintegrada por causa do álcool – tal qual a de José Vicente no passado. O caçula precisava recompensar esse sujeito. A moeda de troca dificilmente seria o dinheiro. Elias, no entanto, tinha algo mais caro e valorizado por Elifas: a arte.

Um senso de urgência tomou conta de Elias nos últimos tempos. Os sonhos não pertenciam mais ao futuro – e talvez o futuro nem existisse. Ele via de perto muitos amigos que já pagavam a alta fatura cobrada pela liberação sexual e pelo comportamento descompromissado das duas últimas décadas. O próximo podia ser ele. "Entendi a necessidade de radicalizar, de correr riscos e ir contra o que os outros consideravam como aceitável", diz o artista. Se o conflito de Hamlet parecia superado – afinal, entre a afirmação e a negação, Elias Andreato decidiu se valer como um ator –, era a hora de evocar o outro personagem apresentado em *Lago 21*. Dessa vez, Elias precisava sentir na pele a angústia de Kostia, protagonista de *A gaivota*, e puxar para a vida real o desafio de colocar as palavras certas no papel para, baseado nelas, se expressar diante das pessoas da forma como sempre desejou. O resultado bem-sucedido da parceria com Esther Góes no roteiro de *Não tenha medo de Virginia Woolf* o incentivava a se aventurar como escritor. Dessa vez, o personagem seria Vincent van Gogh em uma resposta ao irmão Theo e, diante da catarse, Elifas ouviria as suas palavras de gratidão.

    Com o texto debaixo do braço, Elias procurou a diretora Marcia Abujamra, que acabara de chegar dos Estados Unidos depois de defender uma tese de mestrado no Department of Performance Studies da New York University. Socióloga de formação, a sobrinha do diretor Antonio Abujamra se iniciou no teatro com o grupo de Antunes Filho e estreou como encenadora em 1986 no comando de *O corpo estrangeiro*, que trazia Elias, a atriz Tânia Bondezan e o bailarino Beto Martins no elenco. Tratava-se de uma adaptação feita por Marcia e Patrícia Melo da novela de Marguerite Duras *A doença da morte* que, por pouco, não ficou jogada na gaveta. Rigorosa ao extremo, a escritora francesa tinha vetado mais de um projeto brasileiro inspirado em suas obras e seus agentes mal davam ouvidos para propostas chegadas de países fora do circuito europeu ou norte-americano.

    Determinada e um tanto atrevida, Marcia não se conformou com as negativas dos representantes de Duras. Ela conseguiu a autorização da própria autora do romance *O amante* depois de enviar uma carta diretamente ao seu endereço residencial e receber a resposta escrita à mão postada por Duras. A peça se tornou um sucesso entre os ecléticos frequentadores do Espaço Off, misto de bar e teatro alternativo, que revelou uma nova geração de cantores e atores na cena paulistana do final da década de 1980. Elias, acima de tudo, admirava a capacidade e a inteligência de Marcia para superar as adversidades e fazer o impossível se tornar realidade. Era de alguém assim que ele precisava ao seu lado.

    Mas Marcia, depois do mergulho na vanguarda de Nova York, não gostou da dramaturgia criada para *Van Gogh*. E agora? Como dizer isso ao amigo? O texto apresentado, excessivamente romântico, mostrava um artista idealizado do século XIX, um gênio visionário e incompreendido por todos. "Eu não tinha o menor interesse em montar um espetáculo com essa visão e pedi um tempo para me aprofundar no universo de Van Gogh", disse ela. Marcia, com a sede dos teóricos, revirou bibliotecas e livrarias para entrar de cabeça em obras que lhe dessem propriedade para defender uma visão diferente do artista plástico holandês. A conclusão foi a mais simples e direta. Van Gogh era justamente o oposto daquela idealização criada por Elias. Ele pintava por absoluta falta de opção, porque era somente isso que sabia fazer na vida – e seria lindo tratar a história desse homem com base nesse ponto de vista. E o principal se materializou em forma de arte na cabeça de Marcia. Não era apenas a relação entre os irmãos Vincent e Theo que cabia no universo de Elias. Assim como Van Gogh, Elias era um artista porque sua vida só ganhou algum sentido dessa forma. Tal qual o gênio holandês, o ator brasileiro também não sabia fazer nenhuma outra coisa. Era o teatro ou a morte.

X
Glória no palco, rasteira na vida

VAN GOGH ESTREOU NA SALA PAULO Emílio Salles Gomes, do Centro Cultural São Paulo, em 6 de março de 1993. Enquanto o público se acomodava nas 110 poltronas, Elias Andreato caminhava de um lado para o outro do palco e, por vezes, também corria em círculos tal qual um desesperado. Quando todos ocupavam seus lugares, escurecia a plateia e a luz ficava concentrada no artista, que, sentado, segurava uma vela e dava início ao catártico desempenho: "Ache belo tudo o que puder, a maioria das pessoas não acha belo o suficiente. A arte é um combate. Na arte é preciso dar o sangue". Aos poucos, Elias – ou Vincent van Gogh – aproximava a palma da mão da chama e ali permanecia por um minuto a fio, desafiando o fogo e a plateia com o realismo do gesto.

Dois meses antes, a diretora Marcia Abujamra jogou no ar uma ideia que aparentemente parecia impossível de ser realizada. "Elias, que beleza seria se você conseguisse falar essa parte do texto com a mão sobre uma vela, o tempo que aguentasse", entusiasmou-se a diretora. Assim, segundo ela, nesse primeiro momento, o artista plástico já apareceria humanizado diante do público. "Mas não tem como dar certo. Você vai se queimar", tratou de emendar, na sequência. Nenhum desafio em nome da arte é descartado de imediato por Elias. Passados cinco dias, o ator chegou ao ensaio com uma solução capaz de transformar o delírio em uma manifestação teatral concreta. "Marcia, eu fui ao corpo de bombeiros e eles me deram algumas dicas que podem viabilizar a cena da vela", disse.

O intérprete colocou na palma da mão uma placa de amianto, material usado para isolamento térmico de fornos e painéis corta-fogo, como se fosse uma luva, pintada com a cor da pele. De imediato, Elias compartilhou a possibilidade com Vivien Buckup, preparadora corporal da montagem, que, mais prática, avisou que só a luva não o livraria do sofrimento. "A placa de amianto suaviza a dor, não deixa ferir, mas esquenta sua mão e pode queimar, então é preciso muita concentração nessa hora", avisou Vivien. "Pensa se está quente, se começou a ferir, então respira e descubra o tempo máximo que você aguenta ou, no dia seguinte, não repetirá o gesto."

Elias permanecia um minuto com a mão sobre o fogo e, de todas as provações enfrentadas na próxima hora de apresentação, aquele esforço imenso talvez fosse o que menos o impactava emocionalmente. A cada fala em que o personagem se referia a Theo, Elias reforçava as palavras "meu irmão" em um tom quase dissonante ao do resto do monólogo – e, na noite de estreia, evitava deixar o seu olho bater na figura de Elifas, sentado na terceira fileira. Para que aquelas falas saltassem da sua boca, muitas barreiras precisaram ser superadas por ele e Marcia durante os ensaios. Os trabalhos foram interrompidos diversas vezes porque Elias caía no choro e não dava sequência ao texto. Não era apenas teatro que estava sendo feito ali. Em *Van Gogh*, o ator concretizava um mergulho no inconsciente para o qual vinha se preparando nos últimos anos.

Durante os trabalhos de *Senhorita Júlia* e *Hello, Boy!*, ele entendeu o quanto o corpo pode contribuir para melhorar a recepção da palavra. A compreensão de que seus limites como ator e indivíduo devem ser constantemente desafiados foi fundamental para o resultado de *Lago 21*. Agora, no entanto, não bastava se apoderar do texto. Ele construía um Vincent van Gogh baseado na mais pessoal de suas vivências e, na fusão entre intérprete e personagem, precisava controlar a emoção para que um não se sobrepusesse ao outro. Vivien, que acompanhou o processo, puxava-o para o chão a toda hora. "Agora você vai ser o Van Gogh e não o Elias, o.k.?" Com os olhos cheios de água, o ator respirava fundo e seguia em frente, com toda a forte razão que domina seu pensamento e lhe permite trabalhar com histórias intimistas sem ser travado pelo desgaste emocional.

"Não é vendável. Sempre se diz não é vendável e, em primeiro lugar, é preciso ser vendável", dramatizava o ator diante da plateia. Nesse momento, era mais que o discurso fraternal dirigido ao irmão – seja Theo ou Elifas o destinatário. Elias também falava como o artista perto dos quarenta anos, com prêmios em uma estante que não era sua, afinal, ainda morava no apartamento de Renato Borghi, e sem perspectivas de um trabalho seguinte capaz de lhe garantir sustento e satisfação. Nesse ponto, o protagonista também atingia os colegas, íntimos da instabilidade e, por vezes, inábeis ao lidar com a praticidade da vida. "A voz do Elias falando 'não é vendável, não é vendável' nunca saiu da minha cabeça, aquilo era lindo", lembra-se a atriz Esther Góes.

Os aplausos entusiasmados, seguidos por gritos de "bravo" no final da sessão, aliviaram a alma do artista. Entre os abraços recebidos, o mais demorado e também o mais silencioso foi o de Elifas. "Eu fiz tudo isso para você", disse o ator para o homenageado, que, com a emoção guardada, pouco conseguiu se expressar. O irmão mais velho não acompanhou o processo de criação. Só se inteirou um pouco mais sobre o caminho escolhido por Elias e Marcia Abujamra na hora de criar o material gráfico, entre eles uma paleta de cores que servia de programa distribuído aos espectadores. "Eu vi nós dois ali o tempo inteiro naquele palco", conta Elifas.

"Assim, se puder, não demore com o dinheiro!", falava Vincent para Theo. Elifas mergulhava no tempo e recordava suas saídas, ao amanhecer, para trabalhar e garantir o sustento da casa ou das madrugadas varadas na Editora Abril com o sonho de oferecer uma vida melhor também ao caçula, cuja voz ouvia do palco. A cada frase, o artista gráfico decifrava intenções disfarçadas no texto. "Não era apenas um agradecimento, era também o reconhecimento pelo apoio que emprestei a ele durante a vida, pelos amigos que lhe apresentei e pelas oportunidades que ofereci e Elias soube aproveitar", completa, sem falsa modéstia.

Van Gogh encontrou seu público e lotou por dois meses a pequena sala do Centro Cultural São Paulo nas quatro sessões semanais, transferindo-se a seguir para o também intimista teatro do Hotel Crowne Plaza. Apoiado na dramaturgia, Elias usava o personagem para falar coisas que ele realmente pensava e poderia ali desabafar na forma de um subtexto. "Acho irritante e falso quando vejo pessoas posando de acadêmico", bradava em cena. No jornal *Folha de S.Paulo*, o crítico Nelson de Sá escreveu: "*Van Gogh*, tanto quanto um espetáculo sobre o pintor holandês, é sobre o próprio ator brasileiro Elias Andreato". Mensagem decifrada pelos olhos alheios, chegava a hora de deixar a acomodação de lado e virar páginas também da vida pessoal.

A primeira decisão foi fazer as malas e sair da casa de Borghi. Os dois estavam separados havia quase dez anos, e o seu desconforto era cada vez maior. "O que você ainda faz aqui? Não tem outra casa para onde ir, não é?", provocava Maria de Castro Borghi, mãe de Renato e, devido a problemas de saúde, presença frequente no apartamento do filho. Assistente de direção e contrarregra de *Van Gogh*, o jovem ator Nilton Bicudo conheceu Elias na condição de aluno de um curso ministrado na Escola de Atores Célia Helena três anos antes, e os dois ficaram muito próximos. Não tardou para o amigo, que morava com a mãe, em Higienópolis, oferecer uma alternativa para seus problemas. "Elias, eu tenho um pequeno apartamento, a uma quadra da avenida Paulista, que herdei da minha avó e acho que seria bacana você morar lá", disse Niltinho, como é tratado pelos íntimos. Elias olhou desconfiado para o rapaz, afinal, sabia que nenhuma esmola caía no seu colo de graça, mas resolveu conferir de perto o imóvel. "Para quem cresceu em cortiços, um 'quarto e sala' está ótimo e só providenciarei algumas reforminhas", disse o novo inquilino, com a chave na mão.

Da casa de Borghi, ele levou apenas um divã, que integrava o cenário da peça *Pequenos burgueses*, alguns livros e os discos de Maria Bethânia. Elias trocou o encanamento, renovou a pintura, impermeabilizou o piso e encheu as paredes de quadros, vários deles assinados pelo irmão Elifas. Era o seu lar. Pela primeira vez, morava sozinho e se sentia dono do próprio espaço. *Van Gogh* rendia uma boa bilheteria e um dinheiro continuava sendo depositado mensalmente na conta de Sulla para ajudar nas despesas de dona Alzira. Elias estava feliz em sua nova fase, realizado como artista e, com a ironia que Deus lhe deu, não cansava de repetir para os amigos: "Se eu morrer amanhã, eu subo para o céu satisfeito".

Um exame de rotina, porém, fez Elias sentir que a brincadeira poderia ter um gosto mais amargo que bem-humorado. Ao realizar uma ultrassonografia da bexiga e da vesícula, o ator descobriu que precisaria encarar pelo resto de sua vida um grave problema, sem recorrer a nenhuma máscara: ele era portador de hepatite C. Doença silenciosa que pode levar anos até ser descoberta, a hepatite C come pelas beiradas o organismo do infectado e, normalmente, só vem à tona em um estágio bastante avançado. Trata-se de uma inflamação do fígado transmitida pelo vírus HCV, que, quando crônica, pode conduzir à cirrose, à insuficiência hepática e ao câncer. O contato se dá, sobretudo, pela via sanguínea. Elias não conseguia acreditar no que ouvia da boca do médico. "Logo agora?", pensava ele. "Tudo começava a dar certo na minha vida", vinha, em seguida, à sua cabeça. "Mas como isso pode ter acontecido?", perguntava-se, perplexo.

Em poucos minutos, Elias associou o problema a alguma herança genética, talvez herdada na esteira do alcoolismo do pai. O quadro de cirrose já se tornara deflagrado. E logo ele, que sempre recusou qualquer intimidade com o álcool. Na sequência, começou a se flagelar e jogar a culpa em suas experiências sexuais. Mesmo que nunca tenha se considerado promíscuo, estava longe de morar no altar de uma igreja. A tatuagem que carregava no braço direito com a inscrição em japonês da palavra "vida", feita em 1987, também o assombrou. Agulhas, seringas e aparelhos médicos não esterilizados eram apontados como possíveis causas de transmissões de doenças desse tipo, assim como objetos não descartáveis. E não havia como sarar desse mal. A partir daquele dia, ele necessitaria de acompanhamento médico constante. Enfrentaria uma bateria de medicamentos com efeitos colaterais – e afetaria não apenas a sua rotina, mas sua abalada autoestima.

O tratamento imediato consistia em três injeções semanais de interferon, proteína que estimula o sistema imunológico a combater a proliferação de células nas infecções virais, aplicadas por ele mesmo na barriga. Elias escolheu sofrer sozinho. Borghi foi comunicado do diagnóstico e, por perto, tratou de colocá-lo em contato com médicos reconhecidos, alguns do círculo de amizades de Esther. Elifas e, principalmente, Sulla tomaram a frente para proteger o caçula dentro do limite que ele tratou imediatamente de estabelecer. Náuseas, dores de cabeça, uma fadiga incomum e uma tristeza sem fim pautaram seus dias. A febre batia constantemente nos 39 graus, e as dores nas pernas o levavam a questionar se valia a pena dar dois passos que fosse.

É bastante comum usuários de interferon apresentarem traços de depressão. Dito e feito. A única motivação para levantar da cama era a plateia que, de quinta a domingo, lotava o teatro em que *Van Gogh* estivesse em cartaz. "Eu aparentava uma fortaleza em cena, mas fora do palco estava desabando com um tratamento tão duro que não sabia se valia a pena para me manter vivo", diz. "Aquela peça me dava forças para não me entregar para a morte."

"A vida é tão curta... Passa tão rápido... Sendo pintor é preciso pintar (...). Na vida de um pintor talvez a morte não seja o mais difícil. Eu confesso não saber nada a respeito, mas a visão das estrelas sempre me faz sonhar", dizia Elias, sob o disfarce de Van Gogh, desabafando para um público que não tinha ideia de seu tormento. Elias, agora, carregava a certeza de que a vida é curta e, mais, poderia ser encerrada a qualquer minuto, hoje mesmo ou no dia seguinte. Então, era preciso representar, atuar, tirar força e garra sabe lá de onde. A dor transformada em poesia não foi ignorada pelos jurados dos prêmios da cidade. Em um feito raro mesmo entre os mais consagrados colegas, Elias bisou, com apenas três anos de intervalo, a vitória no troféu da Apetesp e também levou para a casa pela segunda vez o Prêmio Shell de melhor ator.

Em maio de 1994, *Van Gogh* desembarcou no Rio de Janeiro para uma temporada no teatro da Casa da Gávea que se estendeu por quatro meses. Todos se referiam a Elias na imprensa como o ator do momento. O glamour, no entanto, continuava a léguas de distância de sua rotina e da conta bancária. Sem patrocínio ou permuta, ele, durante a estada carioca, encontrou pouso em um pequeno quarto alugado no apartamento da atriz Beatriz Lyra. "Era uma dependência de empregada e eu entrava e saía todos os dias pela porta de serviço", conta ele, sem disfarçar o sentimento de humilhação. Se o prestígio não rendia dinheiro, novas e desafiadoras oportunidades começaram a surgir. O ator Paulo Betti foi chamado às pressas para uma novela, e a atriz Cristina Pereira convocou Elias para substituí-lo na direção do monólogo cômico *Tantã*, texto de Rafael Camargo, no qual ela se revezaria em nove personagens. Em meio às folgas de *Van Gogh*, o ator ainda pegava a ponte aérea para filmar em São Paulo uma participação no longa-metragem *Sábado*, do cineasta Ugo Georgetti.

"O ferimento está cicatrizando bem", dizia Elias em uma das cenas de *Van Gogh*, que, de volta a São Paulo, cumpria sessões esgotadas no Auditório Alceu Amoroso Lima. Com a medicação em dia, Elias acreditava que sua doença poderia ser controlada. As sessões de terapia atenuavam a depressão e, sim, os prêmios recebidos por *Van Gogh*, as plateias cheias e os elogios da crítica traziam alento para o ego carente. Um encontro com Edith Siqueira, porém, faria sua cabeça dar um novo giro e o colocaria diante de mais uma de suas superações. A eterna amiga, que sempre lhe jogou na cara o valor da vida, apareceu frágil, abatida e preocupada. Um caroço no seio havia sido confirmado como um tumor maligno. Edith estava com câncer e aquela pessoa agora precisava dele.

XI
Uma maratona por Edith Siqueira

EM MARÇO DE 1992, O ESPETÁCULO TAMARA, de John Krizanc, estreou em um casarão na região central de São Paulo. Sob a direção de Roberto Lage, a história do político fascista Gabriele D'Annunzio e da pintora Tamara de Lempicka se desenrolava pelos cômodos da Casa Porto Seguro, nos Campos Elíseos. Celso Frateschi e Edith Siqueira interpretavam os protagonistas em meio a uma trama de sedução e suspense. Fora da cena, o ator terminara um casamento havia pouco, e Edith se separaria ainda em abril. A química da ficção, transferida para a realidade, redimensionaria nos próximos quatro anos também a vida de Elias.
Frateschi e Edith se conheciam de vista. Ele prestou atenção pela primeira vez na morena de olhos expressivos em uma sessão de *O trágico à força*, em 1983. Edith tinha certo interesse por aquele ator alto, forte, professor da Escola de Arte Dramática (EAD) e politicamente engajado. Os homens tímidos, que falam e depois baixam o olhar, sempre a fascinaram. Mais que isso: ela se sentia motivada a decifrá-los. Pouco menos de um ano antes dos ensaios de *Tamara*, Edith chamou Elias para uma estreia no Centro Cultural Tendal da Lapa. Tratava-se da primeira sessão de "Horácio", monólogo de Frateschi. "Você

passa aqui em casa para me pegar?", perguntou ela. "Me espera pronta por volta das oito", respondeu o amigo. Ao ser recebido, Elias viu em sua mente imagens de um filme bem familiar. Edith estava com o batom mais vermelho que o habitual, um salto altíssimo e um figurino que não faria feio em nenhum evento sofisticado. "O que é isso, meu Deus? Essa produção toda é só para assistir a uma peça?", provocou o amigo. Ela se fez de rogada, respondeu que o comentário era exagerado e se arrumara com a vaidade de sempre. "Eu te conheço bem e sei de quem você quer chamar atenção toda emperiquitada", determinou Elias, com uma ponta de ciúme.

O amor de Elias por Edith nunca se apagou, mas desde o encerramento da temporada de *Senhorita Júlia*, em 1984, não havia mais espaço para envolvimento sexual. A decisão não ficou estabelecida em um diálogo e tampouco rendeu qualquer briga. O namoro descompromissado esfriou naturalmente. Edith permaneceu na sua trilha intensa, jamais economizando a conjugação do verbo "viver". Elias, maduro, entendeu que para ter aquela mulher ao seu lado deveria sublimar a paixão em nome da amizade incondicional. "Ela se apaixonava a cada oito minutos, e era nessa disposição que morava seu encanto", conta. O alvo da vez era Celso Frateschi. Só que daqui para a frente tudo seria diferente.

Nem Frateschi recorda se reparou no empenho de Edith para impressioná-lo naquela noite. A paixão acelerada na temporada de *Tamara*, no entanto, tomou os dois de assalto e rendia uma novidade a cada dia. "Cé, eu quero te levar amanhã para um passeio diferente", dizia ela. No dia seguinte, lá estavam os dois na pista de atletismo da Universidade de São Paulo (USP), e ele, sedentário, sendo provocado pela namorada, acostumada a correr oito ou dez quilômetros três vezes por semana. Os jantares em suas cantinas preferidas, agora, dividiam espaço com os restaurantes japoneses idolatrados por Edith, muitas vezes na companhia de Elias. Os dois também pilotavam o fogão em refeições caseiras caprichadas. As fugas de São Paulo, para a praia ou campo, também passaram a fazer parte do calendário do casal como se o isolamento fosse necessário para respirar.

De Edith, Elias nunca saiu de perto. A aproximação dele com Frateschi foi intensificada por intermédio da outra paixão em comum, o teatro. Em agosto de 1993, o novo casal oficializou a parceria artística em um projeto conjunto, a tragédia *Aulis*, original do grego Eurípides batizado como *Ifigênia em Áulis*, que Frateschi havia trabalhado com os alunos da Escola de Arte Dramática e, agora, merecia encenação profissional. Como assumiria o papel principal, o do general Agamenon, Frateschi gostou da sugestão de Edith e chamou Elias para dividir os créditos na direção da montagem.

O convite foi mais um estímulo de Edith para Elias perceber que viver ainda valia a pena. O ator estava no auge do sucesso de *Van Gogh*, mas evidenciava a depressão diante dos primeiros sinais do tratamento contra a hepatite C. Os ensaios no úmido e insalubre porão do Centro Cultural São Paulo durante o inverno deixavam o artista inseguro por causa da fragilidade de sua saúde, mas, por Edith, era capaz de bater de frente em qualquer obstáculo. "A Edith sabia de tudo que estava acontecendo e eu tomava conhecimento através dela, mas jamais me sentia no direito de participar desse momento do Elias", lembra Frateschi.

Aulis estreou em outubro de 1993, e Edith foi fartamente elogiada por sua interpretação como a personagem Clitemnestra. Muitos consideraram o seu trabalho mais maduro. Por outra daquelas ironias do destino, a peça seria também seu último grande momento profissional. A atriz ainda participaria um ano depois de *As guerreiras do amor*, adaptada de outro original grego, dessa vez a cômica peça *Lisístrata*, mas se mostrava um tanto abalada pelo câncer. E esse baque inevitável da doença era tudo o que Elias e Frateschi juntos resolveram retardar. Como um trio, Elias, Edith e Frateschi desbravaram com firmeza os tempos duros que se anunciavam. Elias não se sentia no direito de encarnar o sofredor. Ele tinha plena consciência de que seus males não eram poucos. Nada, porém, parecia mais injusto que o tormento enfrentado por Edith. A agressividade do tumor surpreendia inclusive aos médicos. Um ano depois da descoberta do câncer, o problema parecia parcialmente controlado, e o casal decidiu comemorar em uma viagem para a Europa, a primeira que fariam juntos. Com as passagens em mãos, eles receberam outro golpe: a metástase se tornara concreta com o câncer espalhado para além do seio. Elias, Edith e Frateschi firmaram um pacto para manter o mínimo de qualidade da sobrevida; para isso, a mulher cheia de energia, por mais debilitada, não deveria ficar parada.

Uma adaptação do clássico *Tio Vânia*, de Anton Tchecov, começou a ser trabalhada a jato. Elias faria o papel do amargo personagem-título, que abriu mão da própria vida para cuidar das propriedades da família. Frateschi seria o médico Astrov e Edith, a prima Sonia em um elenco que ainda deveria ter Renato Borghi e Lucia Romano. Os dois homens de Edith sabiam que seria pouco provável o espetáculo ganhar o palco. Então, era acelerar o processo para ser realizada pelo menos uma leitura dramatizada para uma plateia de amigos na casa dos dois, na Vila Madalena – o que, de fato, aconteceu. "Decidimos fazer o que pudesse e, se não fosse possível ir além da leitura, o trabalho estaria concretizado", recorda Frateschi.

A tristeza de Elias ao ver sua querida Edith fragilizada foi convertida em força de trabalho. As apresentações de *Van Gogh* se mantinham com certa regularidade, e ele topou um convite para participar da novela *A idade da loba*, produção independente dirigida por Jayme Monjardim veiculada pela TV Bandeirantes. O papel era pequeno – o namorado da personagem da atriz Beth Goulart –, mas Elias investiu na estada carioca. Com a atriz Tânia Bondezan, amiga de São Paulo também escalada para a trama, alugou um apartamento no bairro Peixoto, no miolo de Copacabana. Além disso, o ator reencontrou o diretor Jorge Takla em uma nova montagem de *A gaivota*, protagonizada por Walderez de Barros, apresentada no Rio de Janeiro nos primeiros meses de 1996.

O casal pegava seguidamente a estrada para passar o fim de semana perto de Elias. Frateschi sabia que lá os dois precisavam de momentos de total privacidade e percebia a hora de deixar os amigos sozinhos para longas e indecifráveis conversas. "Existia um terreno entre os dois que era sagrado e eu não enxergava a menor razão para interferir", diz Frateschi. "Eu só teria ciúme se fosse um imbecil."

Trabalhar, trabalhar e trabalhar. Elias parecia contagiado pela energia que sempre caracterizou Edith e, novamente, transformou o sofrimento em uma intensa produção. Em meio aos intervalos da novela e da peça, trancava-se no apartamento para desenvolver uma espécie de testamento romântico para sua musa. A ideia era criar um monólogo inspirado no poeta italiano Dante Alighieri (1265-1321), que teria Frateschi como porta-voz. "Escrevia loucamente para não pensar na morte dela", recorda. "Eu me perguntava o tempo inteiro por que aquilo não estava acontecendo comigo, que perderia muito menos se partisse."

Do amor de Dante por Beatriz adapta para o teatro principalmente a *Vida nova*, obra escrita por volta de 1294, e também trechos de *A divina comédia*. A inspiração vem do sentimento platônico do poeta pela jovem Beatriz, provavelmente a filha de um nobre de Florença, com quem Dante jamais trocou sequer uma palavra. Elias adaptava para sua história e também para a de Frateschi a frustração de um grande amor que não se completou, no caso deles porque a vida de Edith inevitavelmente seria tomada. Autor e protagonista também assumiriam a identidade de Dante Alighieri para aproveitar a metáfora de sua descida ao inferno. "Era uma forma de dizer para Edith que a gente iria com ela até onde precisasse", afirma Frateschi.

De volta a São Paulo, Elias retocava o texto antes da finalização e viu que agora precisava aproveitar a cada momento a amiga. "Eu pressentia que a Edith poderia não estar muito bem e corria para a casa dela", recorda Elias. O inverso várias vezes também se dava. Edith sentia uma urgência inexplicável de encontrar Elias, e Frateschi a levava da Vila Madalena até Moema, onde ele morava desde a volta para São Paulo. "Na última semana, eu sabia que nada mais poderia ser feito", conta Elias.

Edith foi internada no Hospital Sírio Libanês e, na véspera de sua morte, recebeu Elias com um sorriso no rosto. "Eu sonhei que estava morrendo e você e o Celso me acenavam com um tchau", disse ela. "Para de falar bobagem", repreendeu, pegando firme na sua mão. Ela passou a noite seguinte se debatendo na cama, com a máscara de oxigênio no rosto. Poucas horas depois do amanhecer, o médico chamou Frateschi e Elias e tirou o resto de esperança que os dois ainda poderiam nutrir. "Está tudo difícil, então eu não sei se ela vai aguentar muito tempo." A espera foi curta. Ainda naquela manhã, aos pés do leito hospitalar, Frateschi, Elias e a mãe de Edith, a professora Nancy Alliete Volpi, deram o adeus para Edith. Era 25 de julho de 1996 e ela tinha 39 anos.

"Pode deixar que eu vou arrumá-la e maquiá-la antes de levar o corpo para velar", disse Elias para uma das enfermeiras. "Só eu sei como ela gostava de ficar bonita." Nancy foi para casa, e Frateschi saiu para cuidar das providências burocráticas. O enfermeiro empurrou a maca. Elias e o corpo de Edith entraram no elevador de aço rumo ao subsolo do hospital onde ela seria depositada no caixão para ser levada ao velório e, depois, à cremação. O funcionário colocou algodão em suas narinas e explicou os cuidados que deveriam ser tomados na maquiagem. Elias aplicou a base e, na sequência, uma discreta sombra nos olhos. Ao passar o batom vermelho nos lábios da amiga, pensou que era a primeira vez que se encontrava diante de uma situação assim. Não enterrou seu pai e tampouco o irmão Eurípedes, que morrera em decorrência do vírus da Aids em 1993, também em Cuiabá. "O Eurípedes durou muito pouco", recorda. "Ele, tão machão, não se conformava por ter contraído uma doença de viado, como as pessoas falavam na época." Edith era a primeira grande perda que enfrentava com o direito a um sofrimento imediato, e o inconformismo com o irremediável persistia. "Uma mulher cheia de vida acabou no caixão e eu, todo doente, é quem cuida do velório", pensava ele.

No espaço cênico circular do Tucarena, o ator Celso Frateschi se apresenta aos olhos da plateia, arrastando através de um pano cor de vinho um imenso livro, que representava *A divina comédia*. Coração destroçado na vida, enquanto no palco a busca de atenuar o sofrimento surgia através da crença na arte. "Deixai todas as esperanças, ó vós que entrais", dizia ele ao público, como uma preparação para o que apresentaria pelos próximos setenta minutos. Logo ele... Celso Frateschi, o artista da palavra engajada, do discurso político, agora, se joga na mais profunda e recente de suas dores para, através da interiorização, amenizar a tristeza.

Do amor de Dante por Beatriz estreou em 17 de outubro de 1996, menos de três meses depois da morte de Edith. O período de luto convencional para Frateschi e Elias foi pequeno ou, melhor, mal aconteceu. Os dois estavam tristes, transtornados, mas extraíram arte de cada lágrima. Vivien Buckup, sempre por perto, cuidou da preparação corporal e segurou as pontas na direção quando a emoção passava por cima de Elias. Wagner Freire criou a luz, Naum Alves de Souza idealizou a cenografia e Guga Petri compôs a trilha sonora.

"Tive um presságio: a morte de Beatriz", diz Frateschi em cena, antes da metade do espetáculo. Quem havia acompanhado a situação se impactava com a verdade do homem que se expunha no palco. Passados cerca de vinte minutos da encenação, começava a catarse que não deixava indiferente o público, mesmo aqueles que sequer imaginavam o drama pessoal do artista. "Está morta tua amada", balbuciava ele, para depois finalmente completar em um jorro emocional: "Beatriz morreu".

A estreia do espetáculo fazia parte de um processo desenvolvido por Frateschi e Elias desde a semana seguinte ao falecimento de Edith. Em uma pausa dos trabalhos de preparação em São Paulo, Elias e Frateschi tomaram um carro rumo ao sossego do Vale do Matutu, no município de Aiuruoca, no sul de Minas Gerais.

O território era bastante conhecido. Os dois seguiram para um dos lugares preferidos de Edith nas fugas da agitação paulistana e ficou decidido que lá seriam jogadas as suas cinzas. O lugar parecia contrastar com a energia que a artista sempre depositou na maioria dos seus dias. Cercada de verde e de cachoeiras, a pousada em que costumavam se hospedar – e onde os dois ficariam mais uma vez pelas próximas duas semanas – reforçava a sensação de que a opressão não se fazia mais presente.

Nada era diferente da última vez em que estiveram ali, tirando o fato de Edith não estar no banco do passageiro do carro. Uma figueira imensa, plantada havia mais de dois séculos, oferecia sombra do campo verde para os hóspedes, e o proprietário, um apaixonado pelas artes, construíra a poucos metros dali uma grande arena para comemorar as festas juninas e os solstícios. Diretor e ator aproveitariam o espaço para dar um gás aos ensaios de *Do amor de Dante por Beatriz*. Cada leitura do texto ganha novo significado, diferente daquele que vinha sendo obtido em São Paulo. Era como se ali Edith realmente influenciasse com sua energia. Na arena ao ar livre, semelhante àquelas dos rituais teatrais da Grécia Antiga, Frateschi se descolava o quanto era possível do sofrimento de viúvo para dar dimensão ao personagem. Em uma dessas tardes, perto da hora da volta, Elias e Frateschi pegaram a urna em que estavam depositadas as cinzas de Edith. Duas outras pessoas muito importantes também chegaram para a cerimônia de despedida: o filho, Tiago de Siqueira Tagnin, e o irmão dela, o músico Kito Siqueira. Aos poucos, os quatro espalhavam os restos pelo ar, e Edith ganhava asas pelo mundo que sempre abraçou com paixão. Se a musa sumiu na imensidão, o ator e o diretor de *Do amor de Dante por Beatriz* iam junto dela para onde fosse e, com o espetáculo em cartaz, traduziam um pouco do amor que sentiam por Edith para cada espectador.

Em pouco mais de sete horas o dolorido ano de 1996 chegaria ao fim. Um dos termômetros da avenida Paulista confirmava o calor daquela tarde de terça-feira, dia 31 de dezembro, registrando 28 graus, na altura da alameda Ministro Rocha Azevedo. Em frente ao prédio do Museu de Arte de São Paulo (Masp), uma multidão de 12 mil homens se espalhava pelo asfalto à espera de ser dada a largada da 72ª Corrida de São Silvestre. No acostamento, ansiosos, Elias Andreato e Celso Frateschi, de calção, tênis e camiseta regata, esperavam o início da prova. Sim, eles se juntariam aos atletas para enfrentar o que fosse possível nos quinze quilômetros que marcam o percurso da tradicional prova de rua.

Uma noite, logo depois de uma sessão de *Do amor de Dante por Beatriz*, Frateschi olhou para Elias e disse: "A gente bem que poderia correr a São Silvestre esse ano, não é?". Elias fingiu não entender direito o convite e largou um comentário em voz quase baixa. "Nossa, você está bem louco...", disse. Certamente a ideia era resultado da emoção de mais uma apresentação e logo passaria até porque, na visão de Elias, não fazia o menor sentido. Dava preguiça só de pensar naquele monte de gente correndo sob um sol escaldante para sair e chegar ao mesmo lugar. E resistência? Bem, de onde ele tiraria? Mas Frateschi insistiu no dia seguinte. "Você pensou naquela história?", perguntou. "Mas tem que fazer inscrição, e o prazo já deve ter se encerrado", desconversou Elias. "A gente se junta aos corredores logo depois da largada, como muita gente faz. Não precisa de formalização. Quando cansar a gente para."

Elias e Frateschi se uniram à multidão quase na esquina da rua Frei Caneca. Correndo em passos curtos, os dois dobraram a rua da Consolação em direção à avenida Ipiranga no meio de uma enorme quantidade de gente que os ultrapassava sem economizar o fôlego. Do alto dos prédios, os moradores aplaudiam os atletas, jogavam papéis picados e vibravam como se já fosse a meia-noite inaugural de 1997. No asfalto em declive, Elias começava a se dar conta da simbologia do momento e pensava nas quase duas décadas de intenso convívio com Edith. Ela, adepta das corridas, poucas vezes conseguiu arrastá-lo para o Parque do Ibirapuera ou para o bosque da USP. Agora, lá estava ele ao lado de Celso Frateschi, suor pingando no rosto, ofegante, no meio da avenida São João para avançar em uma das plataformas do Minhocão, ainda batizado como Elevado Presidente Costa e Silva.

Frateschi não falava nada, seguindo em sua corrida mansa, enquanto muitos pareciam ter desistido do teste de resistência. Elias olhava para os prédios, revisava também sua vida e, pouco mais de cinco quilômetros depois, considerava a prova suficiente. "Eu vou parar por aqui! Chega dessa história!", avisou, com a voz cansada. "Deixa de ser frouxo, Elias, vamos continuar um pouco mais", provocou o amigo. Na avenida Pacaembu, os corredores se prepararam para virar à direita na avenida Marquês de São Vicente, e Elias se esquece do imenso esforço olhando para o céu. Lá está ele, testando, como sempre, seus limites que sempre julgou restritos. O filho do alcoólatra, o menino criado em cortiços, o jovem franzino e sem graça que inventou que queria ser ator quando mal entendia o significado de um texto. Lá está ele, o ator que corre até hoje atrás do reconhecimento e de um dinheiro para pagar as contas com dignidade, o ex-marido do grande ator Renato Borghi, o eterno amante de Edith Siqueira, o súdito de Maria Bethânia, o doente sempre de cara com a morte. Lá está ele, se mostrando forte ao lado de Celso Frateschi, artista admirado, profundo conhecedor da teoria política e teatral, professor da Escola de Arte Dramática, homem bonito, o verdadeiro viúvo de Edith. "Agora, eu acho que está bom... Vamos parar?", perguntou Frateschi, desfigurado. "Você ficou maluco? Estamos chegando ao viaduto do Chá, daqui a pouco vem o Teatro Municipal e como é que nós, dois atores, não vamos passar por lá?", disparou Elias, igualmente exausto, mas em busca de uma nova superação.

Os dois seguiram o fluxo, e ainda tinha toda a avenida Brigadeiro Luís Antônio, a parte mais penosa da São Silvestre, por causa da inclinação acentuada. "Não tem muito mais o que fazer", balbuciou Frateschi. "A gente precisa seguir andando." A frase dirigida a Elias, naquele momento de exaustão, vinha carregada de significados. "Nós temos que tocar a vida em frente e não olhar para trás", pensou Frateschi. Do encontro da avenida Brigadeiro Luís Antônio com a rua Treze de Maio não faltava tanto para atingir de volta a avenida Paulista. Elias e Frateschi olhavam um para a cara do outro e não acreditavam no que estavam fazendo. Dos 12 mil participantes oficialmente inscritos, 4 mil não cruzaram a fachada do edifício da Faculdade Cásper Líbero e da TV Gazeta, o ponto de chegada, entre as alamedas Joaquim Eugênio de Lima e Campinas. Elias e Frateschi, mais de duas horas depois, lá estavam. Não havia medalha. A vitória era a maior, superior a qualquer distintivo. Era como se Edith, onde estivesse, batesse palmas em um frenético aplauso e gritasse a plenos pulmões: "Não se abatam, meus amores, não andem para trás".

XII
O recado de Maria Bethânia

COMO O FILHO PRÓDIGO, ELIAS VOLTOU gradativamente ao lar dos Andreato. Não que ele tenha se distanciado do convívio com dona Alzira, pelo menos não das visitas regulares e da contribuição financeira, isso jamais. Mas, na maioria das vezes, era como se estivesse ausente nas passagens pela casa da família. Um tanto frio, quieto, impaciente, ou, quando abria a boca, transbordava uma amargura difícil de ser compreendida. Almoçava nos fins de semana com a mãe, reclamava da barulheira causada pelos sobrinhos e saía discretamente de cena. "Mamãe, por que o tio Elias não gosta de mim?", perguntou mais de uma vez Jade, a terceira e mais nova das filhas de Sulla.

A irmã imediatamente mais velha se manteve inabalável ao longo dos anos, tal qual uma rocha ao lado do caçula. Segurava as barras, emprestava o ombro na hora do drama, abastecia sua despensa e ainda ouvia as maiores grosserias quando o irmão soltava uma matilha na sua direção. Sulla, porém, se firmou no papel de potencial crítica, pronta para puxá-lo de volta ao chão quando a razão ameaçava abandoná-lo. "Eu sempre fiquei atenta ao Elias, observando suas atitudes, seu pessimismo e também consciente de que ele precisava desse cuidado", afirma. "Mas a nossa mãe envelheceu, minhas filhas cresceram, surgiram netos e mais gente começou a precisar de mim com o passar dos anos. Não era só ele."

Com a morte de Edith, veio o baque. Elias entregou o apartamento de Moema – "ninguém mora lá perto e nem aparece para me visitar", reclamava – e alugou uma casa na mesma vila onde viviam dona Alzira, Sulla e as filhas dela, Chantal, Tamara e Jade, em uma travessa da avenida Marquês de São Vicente, entre os bairros da Barra Funda e Lapa. Teria sua individualidade preservada, mas ficaria a três casas de distâncias das mulheres de sua vida caso necessitasse de um pedido de socorro. Conhecedora dos altos e baixos do irmão, Sulla dormiria mais tranquila dessa forma.

Exausto, depois de um dia de trabalho, Elias enfiou a chave na porta da nova casa e, ainda no escuro, percebeu a luz vermelha da secretária eletrônica do telefone em um insistente pisca-pisca. Próximo ao aparelho, ele acionou a tecla "play". Uma voz bastante familiar começou a ser ouvida. "Elias, aqui é Bethânia. O meu show vai começar uma temporada no Canecão, no Rio de Janeiro, e eu queria muito convidá-lo para a estreia. O meu empresário vai entrar em contato com você para marcar a passagem e o hotel. Um beijo."

Sim, deveria ser uma alucinação. Elias rebobinou a fita que registrava os recados para ouvir novamente a mensagem. Era mesmo Maria Bethânia. E ouviu uma terceira vez, uma quarta, uma quinta e infinitas vezes até se convencer de vez. O que isso significava? Provavelmente ela tinha gostado realmente do que havia assistido poucas horas atrás, naquela mesma noite: o monólogo *Oscar Wilde*, escrito e protagonizado por Elias, em temporada no minúsculo Studio Cristina Mutarelli, no bairro dos Jardins.

Mais ou menos 24 horas antes, o encenador Fauzi Arap, com quem Elias mantinha uma estreita amizade havia mais de quinze anos, tinha ligado para o mesmo número e dado um aviso: "Eu vou levar Maria Bethânia amanhã ao teatro". O ator ficou calado, incrédulo. "Prefiro avisar porque tenho medo que você paralise ao enxergá-la na plateia", completou Arap, que, mais uma vez, dirigia a baiana no atual show dela, *Imitação da vida*, baseado no disco *Âmbar* (1996). O artista não teve tempo para acessos de euforia ou deslumbramentos. A mulher que fez despertar nele a paixão pelo palco era presença confirmada entre seus espectadores. O espetáculo havia sido criado para homenageá-la, e o nome dela, assim como o de Arap, constavam no programa. Precisava mesmo era trabalhar.

O embrião de *Oscar Wilde* surgiu havia dez anos, na época em que Elias morou no Rio de Janeiro para gravar a novela *Helena*. Depois de ler o livro *De Profundis*, escrito por Wilde, Elias, de pronto, imaginou uma dramaturgia em torno do autor irlandês, o namorado Alfred Douglas, conhecido como Bosie, e a atriz Sarah Bernhardt. A ideia era colocá-lo no camarim da diva francesa em uma conversa informal. Na saída, ele deixaria cair algumas folhas no chão, e Sarah leria esses textos, revelando a trajetória do autor de *O retrato de Dorian Gray*. A proposta, sugerida ao diretor Jorge Takla, não vingou, e Elias guardou as intenções em uma gaveta, que, vez por outra, abria para espanar a poeira.

Em setembro de 1993, Maria Bethânia lançou o álbum *As canções que você fez pra mim*, em que, pela primeira vez, se fixava na obra de um compositor – ou melhor, de uma dupla. O disco, formado por onze canções de Roberto e Erasmo Carlos, devolveu a Bethânia o posto de recordista de vendagem ao ultrapassar a marca de 1 milhão de cópias, como nos tempos de *Álibi* (1978), *Mel* (1979) e *Talismã* (1980).

Sem dar sossego ao vinil, Elias voltava a agulha incontáveis vezes para tocar a terceira faixa do lado A. Composta em

1982, "Fera ferida" ganhava na voz de Bethânia uma releitura passional e, para seu público, definitiva. "Não vou mudar, esse caso não tem solução, sou fera ferida, no corpo, na alma e no coração", dizia a letra, e Elias imaginava um arrebatado Wilde declamando os versos. Resgatou *De Profundis* da estante e decidiu enxugar o antigo texto de três personagens na forma de um monólogo. Chegaria ao palco como uma carta de Wilde escrita a Bosie nos dois anos em que passou encarcerado. Se em *Van Gogh* ele expôs sua intimidade com o irmão Elifas através dos conflitos de Vincent e Theo, dessa vez ele pediria licença à *persona* de Wilde para tratar da sua relação com a arte, a crítica, o amor e o preconceito em relação à homossexualidade. "Eu nunca soube o que é se jogar em um amor, perder as estribeiras e ficar dilacerado, como Wilde descrevia em seus livros e Bethânia registrava nas canções", comenta. "Queria, pelo menos no palco, ter a sensação de como era viver um sentimento tão pleno e aflorado."

Dirigido por Vivien Buckup, o solo tomou forma no imenso palco do Teatro Cultura Artística, logo depois do meio-dia e se estendendo até pouco depois das catorze horas durante o verão de 1997. Era lá que o ator Paulo Autran ensaiava, a partir da metade da tarde, o espetáculo *Para sempre*, de Maria Adelaide Amaral. Parceira constante de Elias, Vivien trilhava uma ascendente curva profissional depois de comandar Tony Ramos e Regina Braga na peça *Cenas de um casamento*, de Ingmar Bergman, e foi contratada por Autran. O veterano artista também escolheu o ator Celso Frateschi para completar o elenco, ao lado de Karin Rodrigues, depois de ver *Do amor de Dante por Beatriz*. O nome de Elias para a assistência de direção surgiu naturalmente. "Queria um grande ator ao meu lado para me sentir respaldada na hora de enfrentar o desafio de comandar Paulo Autran", lembra a diretora.

Vivien inicialmente imaginava uma encenação intimista. Afinal, era a história de um professor egocêntrico (papel de Autran), que tem um caso com um jovem de cultura mediana (vivido por Frateschi) e se abastece intelectualmente nas conversas com a melhor amiga (representada por Karin), sua provável cara-metade, caso não fosse gay. Momentos de tensão permearam os bastidores até a montagem ser posta de pé. O protagonista e produtor não abriu mão de cumprir temporada no Cultura Artística, com suas 1156 poltronas, o que traria mais lucro em caso de sucesso, e estranhou o cenário poético e pouco realista assinado por Gringo Cardia. "O Paulo, no seu pedestal, se fechou para as ideias contemporâneas de Vivien, talvez porque imaginava uma peça convencional, e gerou uma disputa em torno de quem tinha a leitura correta do texto", revela Frateschi.

Elias se tornou um ponto de equilíbrio para neutralizar as divergências e, mesmo discreto, quase tímido, acalmava os ânimos da equipe. Se o clima nublava, ele desviava a atenção para o debate em torno das interpretações do elenco. Tanto que firmaria nos próximos anos uma profícua parceria com Autran, estendida até sua morte, em 2007. Com a estreia de *Para sempre* no Festival de Curitiba em 18 de março de 1997 e, quatro dias depois, em São Paulo, Vivien e Elias mergulharam na preparação final de *Oscar Wilde*, agora, já instalados no Studio Cristina Mutarelli. Fortalecida pelos embates com Paulo Autran, a diretora explorou com mais energia seu intérprete. "Joga para fora, grita, anda de um lado para o outro dentro desse cenário", pedia a diretora. Vivien queria diluir a tendência de Elias de criar seus personagens para dentro, retraídos. "Oscar Wilde era um cara enorme, inconveniente, provavelmente insuportável, não pode aparecer encolhido", provocava.

Não era a primeira vez que Elias se via diante de um papel improvável ao seu porte físico. "Não sei se eu preciso fazer um Wilde fiel ao que ele foi", chegou a comentar durante o processo. Vivien se manteve firme na possível aproximação entre as duas figuras. Mergulhado na psicanálise, Elias levava os figurinos para o consultório do terapeuta e fazia as consultas usando os acessórios do personagem. "A arte só começa quando termina a imitação", esbravejava o ator nos ensaios derradeiros. Vivien, recompensada, acreditava nas palavras saídas da boca do resistente intérprete.

Oscar Wilde estreou em 2 de maio de 1997 no próprio local onde foi ensaiado na reta final, até então um espaço criado pela atriz Cristina Mutarelli para cursos a jovens interessados na arte de representação. A produção não encontrou teatro disponível ou não tinha cacife para bancar o aluguel das salas oferecidas. Elias e Vivien montaram um espaço capaz de acomodar entre dezoito e vinte espectadores no segundo andar do sobrado e ofereciam uma taça de vinho para cada um. Cara a cara com a plateia mínima, o ator, de cueca branca e sapato alto de camurça preta, começava a destilar sua mágoa por ser traído pelo amante. "Pior do que falarem mal é não falarem de você."

O dândi excêntrico e vaidoso pode à primeira vista parecer o avesso de Elias Andreato. Em cena, no entanto, era mostrado como um sujeito abandonado, diminuído perante os outros e sofrido em razão de uma decepção. E, nesse terreno, Elias pisava com segurança e experiência. "Não escrevo essa carta para encher seu coração de rancor, mas para arrancar um pouco do rancor que enche o meu coração", afirmava, logo vestindo um terno vermelho para, no final, usar uma casaca com lapela de veludo preto.

Passado um mês da estreia, Elias almoçou sem muito apetite e correu para o teatro. Os alunos de Cristina Mutarelli circulavam pelos cômodos do casarão como em qualquer dia da rotina deles. O protagonista de *Oscar Wilde* chegou ao teatro em um horário que não era seu e, logo, tinha que redobrar a concentração. Sozinho, ele subiu ao palco e repassou o texto da peça. Em seguida, vestiu o figurino e apresentou-se como se a casa estivesse ocupada. E repetiu. Ouviu aplausos, logo deu bis. E fez mais uma vez. Um novo espetáculo foi realizado na íntegra, palmas ecoaram de novo em seus ouvidos, uma pausa e começou tudo outra vez. Nada poderia dar errado. Maria Bethânia estaria na plateia naquela noite. E, se ela não gostasse do resultado ou até o considerasse um equívoco, pelo menos Elias teria dado o melhor de si. Perto das vinte horas, Elias já tinha apresentado *Oscar Wilde* na íntegra doze vezes diante da plateia vazia. "Eu cheguei ao teatro, e o Elias parecia um pouco mais nervoso", lembra Vivien. "Por se tratar da Bethânia, ele deve ter elevado sua expectativa para a enésima potência, mas a verdade é que ele repassava o texto mais de uma vez todas as noites."

A luz se apagou. "Pior do que falarem mal é não falarem de você", solta Elias, na pele de Oscar Wilde. O fã não controla o olhar – afinal, entre menos de duas dezenas de pessoas é praticamente irresistível não procurar o ser especial. Lá estava ela, ao lado de Fauzi Arap, com o programa da peça nas mãos. Aplausos calorosos e verídicos ecoam no pequeno teatro no encerramento da apresentação. Elias corre ao banheiro para se trocar enquanto o público segue para suas casas. "Será que ela vai me esperar?", pensa o ator. Na saída, próxima à escadaria que dá acesso ao segundo andar do sobrado, lá estava Maria Bethânia. Ele a encara. "Boa noite, Elias", diz a cantora, lhe dando imediatamente um abraço. Ao contrário da desenvoltura demonstrada no palco, o fã agora não sabe o que fazer. Teatral e enigmática, Bethânia se fixa no ator e, a seguir, divide um olhar cúmplice com Fauzi Arap, que estava ao seu lado. "Vou lá fora, preciso tomar um pouco de sereno", avisa a estrela, em sua saída de cena.

XIII
Um rascunho de si mesmo

ABENÇOADO POR MARIA BETHÂNIA, Elias se sentiu autorizado a encerrar um ciclo em sua carreira que já contabilizava duas décadas. O aplauso caloroso da cantora e o primeiro contato pessoal entre os dois chegaram durante uma fase em que, inegavelmente, se mostrava maduro para enfrentar desafios maiores. As ciladas da vida que, volta e meia, insistiam em se mostrar presentes, no entanto, voltariam a ser seguidas de contornos que beiravam o trágico. Elias seria colocado novamente à beira de um abismo que só a infinda capacidade de superação poderia fazê-lo reverter o problema.

Oscar Wilde não conheceu a unanimidade de Van Gogh. Os elogios foram frequentes, mas quase sempre seguidos de comparações ao solo sobre o pintor holandês, considerado mais bem-sucedido pelos críticos. O público, por sua vez, movimentou o Studio Cristina Mutarelli, e temporadas no Rio de Janeiro, Santos, Porto Alegre e Salvador endossaram o êxito. O espetáculo rendeu a Elias a quarta indicação ao Prêmio Shell. O ator Fulvio Stefanini saiu vencedor pela comédia *Caixa dois*, grande sucesso de bilheteria, escrita por Juca de Oliveira e dirigida por Fauzi Arap.

Depois de um ano em cartaz, o corpo começou a dar sinais de enfraquecimento e, nas apresentações de *Oscar Wilde*, era fácil saltar aos olhos. Elias tinha 43 anos, mas a perda de massa muscular, decorrente da medicação contra a hepatite C, se fazia notar, ainda mais nas cenas em que aparecia de cueca. Em uma consulta de rotina, o médico deu uma notícia haviamuito temida. As injeções de "interferon" não se mostravam tão eficientes e uma dose mais potente poderia ser testada para dar sequência ao tratamento. "O problema é que existe um risco", alertou o médico. "Você pode ficar bem, lidando só com efeitos colaterais, mas, caso haja rejeição, também há o perigo de entrar em coma e até de morrer."

Elias ouviu as informações e, sem dar tempo à insegurança, respondeu no ato: "Eu vou tomar, quero aumentar a dose das injeções". As aplicações seguiram a mesma metodologia, segundas, quartas e sextas, administradas na barriga pelo próprio paciente. Elias não entrou em coma e tampouco chegou perto de ter a vida em risco. Os efeitos colaterais, porém, foram avassaladores, muito mais traumáticos que nas crises anteriores.

Se já parecia frágil, o corpo deu sinais óbvios de definhamento, a pele perdeu elasticidade e os músculos se tornaram invisíveis. "Eu decaí cinco anos durante 1998", lembra. Como alternativa de alívio para a inevitável depressão, o psiquiatra sugeriu uma técnica estética de preenchimento facial que vinha sendo usada no combate às marcas de envelhecimento. Eram injeções de substâncias aplicadas na pele para cobrir rugas, repor volume perdido na face ou aumentar partes do corpo. O botox ainda não era fartamente divulgado no Brasil, mas vinha sendo tratado como método capaz de retardar a passagem do tempo.

O cartão com o endereço de um dermatologista foi seu guia até o bairro de Moema. Elias estacionou diante de um prédio elegante, visivelmente residencial, e chegou ao apartamento, um duplex. Um homem alto, de jaleco branco, o mandou deitar em uma maca e relaxar. Os dois trocaram poucas palavras, o paciente revelou sua profissão e, em seguida, ouviu do sujeito: "Feche os olhos e relaxe bastante". Obediente, Elias sentiu uma injeção sendo aplicada. Quinze minutos depois, dirigia seu carro, pelas proximidades do Parque do Ibirapuera, de volta para casa. Como quem havia experimentado uma droga desconhecida, ele se sentia bem, muito bem.

As visitas ao dermatologista, claro, se tornaram rotineiras. Sob o efeito psicológico talvez, o ator exibia com um pouco mais de conforto o físico no teatro. Para sua surpresa, uma proposta capaz de mexer ainda mais com a vaidade de seus colegas bateu à sua porta. O diretor Ulysses Cruz, nome reconhecido do teatro que testava o talento na televisão, acenou com um convite. Elias estava cotado para uma novela do horário nobre da Rede Globo, escrita por Aguinaldo Silva.

Em *Suave veneno*, prevista para estrear em janeiro de 1999, o ator interpretaria Clóvis, homem humilde, fraco para a bebida, que criou com sacrifício o filho Renildo (papel de Rodrigo Faro), um promissor jogador de futebol. O personagem era o porteiro do edifício Bege Bahia, onde moravam tipos centrais da trama, como os vividos por Betty Faria, Nelson Xavier, Eva Todor e Diogo Vilela e, no decorrer da história, José Wilker, o protagonista. O desafio poderia ser saudável em uma fase em que, apesar do ascendente prestígio profissional, ele se sentia um tanto fragilizado em relação a sua imagem.

O trabalho na televisão nunca seduziu Elias. Como um legítimo artista do palco, jamais perseguiu com afinco esse mercado e muito menos se deixou seduzir pelas vantagens financeiras propiciadas pelo vídeo. Nos últimos anos, porém, o ator percebeu a importância de uma renda fixa, principalmente diante do dispendioso tratamento médico. Entre 1996 e 1997, Elias sentiu o gosto de ser um assalariado da Rede Globo como integrante da equipe de redatores do programa humorístico *Sai de baixo*. Tinha entre os supervisores o compadre Flávio de Souza – Elias é padrinho de Theodoro, filho do dramaturgo e da atriz Mira Haar –, e a experiência não lhe rendeu nenhum sofrimento. Nessa época, o ator, inclusive, deu entrada no primeiro imóvel, um apartamento no bairro de Perdizes, financiado em sociedade com Sulla.

Desde a fase inicial do diagnóstico da doença, a febre não se manifestava de forma tão persistente. O termômetro voltou a marcar quarenta graus e não deu trégua. O médico tinha lhe avisado sobre os efeitos colaterais, mas a preocupação agora ganhava novos contornos. "E essa minha cara? Como é que vou fotografar no vídeo?", pensava Elias. "Será que vou conseguir ficar sozinho por meses no Rio de Janeiro?" O terapeuta redobrou a atenção mediante sinais da síndrome do pânico.

Uma das primeiras crises evidentes se deu em Nova York. A diretora Marcia Abujamra agendou quatro sessões de *Van Gogh* no Mabou Mines Studio, entre 22 e 25 de outubro de 1998. O dramaturgo e diretor Lee Breuer, fundador do cultuado teatro experimental, assistiu ao monólogo em Salvador e, encantado, abriu as datas na sua pauta. Elias enfileirou empecilhos para a sua primeira viagem ao exterior. O espetáculo seria legendado e um texto em versão bilíngue estaria nas mãos do público, mas o ator alegava que podia se dar mal por não ser fluente no idioma inglês. Marcia garantiu que não desgrudaria dele, e os dois embarcaram para os Estados Unidos ao lado do iluminador Wagner Freire. O trio se hospedou no mesmo quarto de hotel, e as duas primeiras sessões foram um sucesso.

Depois da terceira apresentação, Marcia e Freire, animados, sugeriram beber alguma coisa e ouvir um jazz no badalado Blue Note. "Eu quero voltar para o hotel porque estou com frio", desanimou o ator, irritado. Tudo bem. A diretora detalhou no mapa do metrô como ele retornaria ao seu sossego e o levou até a estação da esquina. Altos e felizes, Marcia e Freire chegaram ao apartamento pouco antes das três da madrugada. Elias não dormia em sua cama e, segundo o recepcionista, nem tinha cruzado o saguão nas últimas horas.

Em meio à multidão de passageiros, Elias deixou passar a parada em que desceria no Upper East Side. As portas se abriam e saía uma dezena de pessoas, logo se fechava, para entrar mais cinco ou seis e despejar outras dez na estação seguinte. As horas corriam, e ele, catatônico, observava o movimento da metrópole desconhecida sem pedir a ajuda de ninguém e tampouco procurar um policial. Tinha certeza de que não seria compreendido, e, na sua cabeça, o melhor era permanecer quieto, encolhido, no desconfortável assento de plástico.

Com o vagão ocupado por um pequeno grupo de jovens falastrões, Elias sacou o mapa com as indicações sobre o ponto mais próximo ao hotel e fixou a atenção nos caminhos grafados por Marcia. Era difícil se deter em cada um dos símbolos. Uma mínima mas suficiente comunicação se estabeleceu com os rapazes e, ao emergir do subterrâneo, sentiu o frio da madrugada de outono. Eram quatro horas e, depois de percorrer meia dúzia de quarteirões, entrou na suíte do hotel. Deu de cara com Marcia, telefone na mão, pronta para pedir socorro à embaixada brasileira. "Naquele momento, eu realmente percebi que Elias estava doente", conta Marcia. "Nada justificava ele não ter tido nenhum tipo de reação durante horas dentro de um trem."

O susto em Nova York não foi motivo de intimidação imediata para tomar a ponte aérea e começar a gravar *Suave veneno* no Rio de Janeiro. Nos primeiros dias, entretanto, um funcionário da Rede Globo confundiria Elias, vestindo o figurino do personagem, com um servente da emissora. Envergonhado, o profissional pediu mil desculpas, mas foi difícil apagar da memória do ator o sentimento de inferioridade conhecido na infância e adolescência. A febre incessante batia os quarenta graus e, calado, Elias suava sem parar dentro do uniforme de porteiro, exigindo cuidado redobrado de maquiadores e assistentes de continuidade. Um calor insuportável consumia a pouca energia que armazenava. Por enquanto, o ator queria ir embora dali, voltar para casa. Em pouco tempo, seu desejo seria morrer. A primeira cena do personagem Clóvis levada em rede nacional o deixou em choque. Elias se enxergou tal qual uma aberração, feio, como sempre, e muito velho, como de uns tempos para cá. Poucas semanas depois, a novela lhe garantia certa repercussão. "O povo nas ruas deve reconhecer você, não?" era a pergunta mais ouvida. "Grande merda", ele pensava. Os amigos o incentivavam e elogiavam o trabalho, que realmente alcançava um bom resultado. Ansioso, pegava o avião para São Paulo mais de uma vez por semana para frequentar as sessões de terapia e voltava no mesmo dia sem sequer passar por seu apartamento. Se alguém o encarava na ponte aérea, desviava o olhar. Não era raro aproveitar a rápida viagem para uma visita ao dermatologista, que atendia perto do aeroporto. Aliás, eram cada vez mais frequentes as aplicações.

 O pânico quase o impedia de entrar nos estúdios do Projac. Antes de cruzar a catraca, Elias ligava para o psiquiatra em busca do estímulo para superar aquele momento: "Entre, pode entrar que dará tudo certo", falava o terapeuta do outro lado da linha. Elias, meio aéreo, retrucava: "E se meu crachá não for aceito na recepção?". Elias não comia quase nada e pouco dormia. Em uma noite, no flat em que a Globo o hospedou, na lagoa Rodrigo de Freitas, telefonou para um amigo paulista e, do outro lado da linha, ouviu Edith Siqueira. "Ela veio me buscar", pensou, aterrorizado, encolhido no quarto. Livre do pânico, recordou que a amiga participara da campanha publicitária de uma empresa telefônica e sua voz ainda naquela época podia ser ouvida em mensagens de secretária eletrônica.

Colega de elenco, a atriz Betty Faria percebeu que alguma coisa andava errada. Em uma tarde, no meio da agitação do estúdio, o ator estava paralisado em um canto, molhado de suor e sem energia para reagir. "Elias, você é um artista e não pode ficar desse jeito", disse Betty, percebendo o sofrimento. "Levante agora, grave suas cenas, e depois vai comigo para a minha casa". Os dois jantaram e passaram boa parte da noite entoando cânticos e orações budistas que aliviaram o pesar de Elias. Luana Piovani também foi outra surpresa no ambiente em que o ator só enxergava hostilidade ou indiferença. Na hora da gravação, a jovem atriz driblava as ordens dos diretores e posicionava Elias em lugares onde seria poupado do excessivo calor dos refletores. "Luana me orientava para eu perceber qual ângulo era melhor para aparecer no vídeo."

As gravações de *Suave veneno* terminaram na segunda semana de agosto. Durante alguns anos, o público do teatro ainda guardou na memória a história do porteiro Clóvis e seu filho Renildo e perguntava ao cumprimentá-lo na saída das peças quando voltaria a trabalhar em televisão. Como bom ator, Elias improvisava uma resposta evasiva e pensava com seus botões: "Espero que não precise tão cedo". Nos anos seguintes, Elias interpretaria um pequeno papel na série *A muralha* e aceitaria pontas em episódios dos seriados *A grande família* e *Minha nada mole vida*. O trauma de participar de uma novela inteira só seria enfrentado novamente em *Beleza pura*, sucesso do horário das sete, na mesma Rede Globo, em 2008. "É... Foi a melhorzinha das que eu fiz", comenta, sem muito entusiasmo.

Na trama escrita por Andréa Maltarolli, o ator representava o mordomo Adamastor, que servia com fidelidade canina o milionário Olavo Pederneiras (papel de Reginaldo Faria). "Uma coisa que facilitou muito é que, nessa novela, trabalhei ao lado de uma turma conhecida", diz. Com o ator Leopoldo Pacheco, Elias nessa fase inclusive dividia o palco na comédia *Amigas, pero no mucho*, enquanto a atriz Zezé Polessa tinha sido sua colega de set no curta-metragem *Dedicatórias*, rodado uma década antes. Vilã da novela, Carolina Ferraz foi dirigida por Elias três anos antes no espetáculo *O rim*, e a relação com o diretor de *Beleza pura*, Rogério Gomes, o Papinha, também foi cercada de carinho. "Eu guardei boas lembranças, tive reencontros agradáveis, mas sei que a televisão não é o meu mundo", afirma. "Eu não sei explicar muito bem, mas todos ganham tanto dinheiro, são tão diferentes de mim, que, mesmo que me recebam por lá com gentileza, eu não consigo ficar à vontade." Tal como nos tempos em que não havia atingido o protagonismo no teatro, Elias, na televisão, sempre se sentiu apenas mais uma peça, pouco valorizada, naquela engrenagem.

XIV
O antagonista de Paulo Autran

O JOVEM ELIAS ANDREATO NÃO FICOU TÃO impressionado assim diante da primeira imagem de Paulo Autran. Em 1977, o ator por excelência protagonizou a peça *A morte do caixeiro-viajante*, de Arthur Miller, no mesmo Teatro Maria Della Costa onde cinco anos antes Elias se apaixonou por Maria Bethânia. Dirigido por Flávio Rangel, Paulo reproduziu na pele do patriarca Willy Loman a metáfora do fracasso do sonho americano e, na esteira, do milagre brasileiro dos militares. Elifas, responsável pelo desenho do cartaz, sentado ao lado do irmão, perguntou sua opinião imediatamente depois dos entusiasmados aplausos. "Eu achei bonito, enxerguei o nosso pai no personagem, mas o desempenho do Paulo não me comoveu", respondeu o convicto caçula para a surpresa do mais velho.

O comentário parece um tanto ousado para um aspirante a ator que, na época, nem havia se profissionalizado. Se Paulo Autran sempre foi referência de interpretação, Elias percebeu um excesso de técnica que não o emocionava e tampouco o provocava. "Na minha pretensão juvenil, eu só enxergava na plateia pessoas caretas que compravam um ingresso para ver um ator burguês e também careta", afirma. "Eu acho que a primeira vez que um trabalho do Paulo me tocou realmente foi na peça *Tributo*, quase dez anos depois, em que ele representava um pai que, perto de morrer, lutava para reconstruir a relação com o filho."

Depois do fim das gravações de *Suave veneno*, Elias deu um tempo de tudo para superar a depressão que quase o derrubara durante a novela. A medicação parecia controlar a hepatite, e as injeções de preenchimento estético se tornaram mais esparsas. Nos seis meses seguintes do retorno a São Paulo, ele circulou pouco e, como espectador, foram raros os espetáculos que o tiraram de casa. Um convite, justamente de Paulo Autran, seria o responsável por uma dessas saídas e se transformou em uma guinada na sua vida.

O célebre artista organizou uma leitura dramática de um texto inédito no Auditório da Folha de S.Paulo em 8 de fevereiro de 2000. *Visitando o sr. Green*, de Jeff Baron, chegara às suas mãos por intermédio de uma fã, uma americana que trabalhou na embaixada dos Estados Unidos em Brasília. "Uma peça superficial, mas divertida e comovente ao mesmo tempo", disse ele, na época, ainda em dúvida se valia montá-la. Paulo chamou o ator Cassio Scapin, recente vencedor do Prêmio Shell pelo monólogo *Memórias póstumas de Brás Cubas*, para defender o segundo personagem e testou o impacto da história diante de uma plateia.

"Vou realmente fazer a peça e gostaria de tê-lo como diretor", disse Paulo para Elias, depois da apresentação, em meio a um pequeno grupo que jantava em uma pizzaria. Elias ficou assustado com o convite e, mais ainda, com a responsabilidade de dirigir o maior ator do teatro brasileiro. A experiência como assistente de Vivien Buckup em *Para sempre*, no entanto, lhe dizia que o desafio era possível de ser superado. Em uma ausência da diretora, durante os ensaios, Elias propôs a Autran e Celso Frateschi – que interpretavam um casal homossexual

— um exercício em que os dois se paquerariam em um cinema vazio do centro da cidade. Ideia comprada e muitos risos depois, o veterano chamou a atriz Karin Rodrigues, também do elenco, em um canto da coxia e comentou: "Esse rapaz sabe lidar de uma forma delicada com os atores e ainda quero trabalhar diretamente com ele".

Visitando o sr. Green conta a história de um velho judeu ortodoxo envolvido em um pequeno acidente de trânsito causado por um executivo de Nova York. As severas leis americanas impõem ao rapaz a pena de visitar o intransigente idoso todas as quintas-feiras por seis meses. Green não aceita qualquer tipo de gentileza do sujeito que quase o atropelou e agora quebra sua rotina com a indesejável presença. Com o tempo, a resistência é enfraquecida, os dois se tornam amigos e se ajudam no enfrentamento dos problemas pessoais de cada um.

A história, um tanto simples, não lembrava em nada o repertório de clássicos ostentado por Paulo em cinco décadas de carreira. Falava, porém, de assuntos caros ao público. Questões religiosas, dramas familiares e uma tênue abordagem da temática homossexual estavam em pauta. Mesmo assim, Paulo, para a surpresa de todos que acompanhavam seus projetos, relutava em apostar grandes fichas na produção. Pediu que Elias pensasse em uma encenação intimista e alugou o Teatro Augusta, capaz de reunir pouco mais de trezentos pagantes por sessão, quase quatro vezes menor que o Cultura Artística. Paulo queria uma típica "peça de gabinete", que, no jargão dos artistas, significa uma montagem que preserva como essência o texto e as interpretações em um cenário fechado.

O novo diretor teve sensibilidade suficiente para perceber que o rei estava nu. Às vésperas dos oitenta anos, o grande ator vinha de uma sucessão de montagens que não o recompensaram do ponto de vista artístico e comercial. Sofria diante da dificuldade de encontrar bons papéis para a sua idade. Também deixava a vaidade transparecer em pequenos detalhes e se abalava ao saber que, mesmo em teatros de oitocentos ou mil lugares, uma ou duas dezenas de cadeiras não haviam sido vendidas em certas noites. "Por que o público não lotou a casa?", perguntava aos produtores. "Será que meus espetáculos deixaram de despertar interesse?", indagava aos íntimos, preocupado com um ostracismo que ainda se mostrava distante da realidade. Essa insegurança fez Paulo se mostrar mais aberto para as orientações de Elias, que editou trechos da peça e contornou a impaciência do protagonista nas seis ou sete horas de ensaios diários. "O Cassio queria discutir mais as intenções do texto, alongar o corpo e o velho soltava: 'Mas para que isso? Para essa peça não precisa nada dessas coisas'."

O espetáculo estreou em São Paulo em 8 de junho de 2000, depois duas pré-estreias em Campinas e Santo André. Os ingressos logo se esgotaram, e Paulo se mostrava feliz em saber que as entradas para as duas semanas seguintes tinham evaporado da bilheteria. Em uma das passagens mais surpreendentes, o personagem tombava em cena, atrás do sofá no centro do palco. No texto original, Green sentia um mal-estar e caía no quarto, fora da visão da plateia, sendo imediatamente socorrido pelo rapaz. Elias provocou Paulo e dividiu opiniões ao propor que a queda se desse aos olhos do espectador. "Eu coloco um colchonete atrás do sofá e ninguém vai notar", disse o diretor. "Eu caio, pode deixar", respondeu Paulo. Parte da equipe achou a opção perigosa e tentou demovê-lo da ideia. "Elias, você é louco de fazer um homem de oitenta anos se jogar no chão todas as noites?", perguntou um dos produtores. "Eu caio, pode deixar", repetiu Paulo, encerrando o assunto.

Com *Visitando o sr. Green*, Paulo saboreou a unanimidade que julgava ter ficado no passado e, como um novato, se deslumbrou com a repercussão da peça. Viajou boa parte do Brasil no ano de 2001, com teatros lotados e sessões extras, além de faturar o Prêmio Shell de melhor ator tanto na edição paulistana como na carioca em um tempo em que era possível bisar o feito nas duas praças. "Ele só compareceu às cerimônias depois de ter a garantia de que realmente levaria os troféus", conta Elias. "Jamais sairia de casa para ver outro ator com um prêmio que poderia ter sido seu." Para Elias, também foi o começo de uma nova etapa profissional. O ator de prestígio, agora avalizado por Paulo Autran, ganhava reconhecimento como encenador e se sentia capaz de fazer um planejamento financeiro não limitado às contas imediatas. Ele recebeu um cachê fixo inicial e mais 6% dos ingressos vendidos durante a carreira da peça. Graças às participações de bilheteria nas viagens de *Visitando o sr. Green*, reformou o apartamento que comprara três anos antes e saldou boa parte do financiamento.

    O retorno financeiro foi quase nada perto da relação de amizade estabelecida pelos dois. O Elias caseiro, agora, era visto praticamente todas as noites em restaurantes na mesa em que Paulo e Karin Rodrigues dividiam com outros amigos. Era comum o animado trio sair do teatro depois das apresentações e engatar outro espetáculo, dessa vez como espectadores, no horário da meia-noite. Apaixonado pela madrugada, o emblemático ator adorava andar de carro até altas horas, e, guiado pelo seu improvável discípulo, cortava as ruas da cidade com os vidros abertos para espalhar a fumaça do cigarro e de olho no movimento das calçadas.

    Paulo, um diplomata por natureza, encontrou em Elias um sujeito sincero e que não fazia a menor questão de bajulá-lo. "O Elias se colocou como um antagonista que o desafiava o tempo inteiro e lhe falava verdades que ninguém tinha coragem de sequer pensar", afirma Karin. Entre o deboche e a franqueza,

Elias se posicionava diante dos ataques de vaidade do velho ator. "Fica tranquilo, Paulo, você é o protagonista. Ninguém vai brilhar mais que você nesse espetáculo."

Muito competitivo, o grande intérprete raramente estabeleceu fortes amizades com os colegas do mesmo sexo e também se sentia pouco à vontade para ampliar a conversa além dos temas da ficção. Paulo enxergou em Elias o grande amigo que nunca tivera vida afora. Não existia qualquer traço psicológico por trás da relação dos dois. Elias não estava ali suprindo a atenção que nunca teve do pai verdadeiro e tampouco Paulo o enxergava como o filho que não teve ou estabelecia qualquer outra possibilidade de vínculo.

Por mais que Paulo volta e meia tirasse do baú histórias dos bastidores do Teatro Brasileiro de Comédia (TBC), por exemplo, em nenhum momento o amigo percebia um tom professoral. "A gente falava sobre teatro, sobre política, sobre sexualidade, sobre tudo, de igual para igual", lembra Elias. "Mas me comovia perceber que ele se preocupava realmente comigo, dizia que eu precisava encontrar alguém para não ter que encarar o envelhecimento sozinho."

Paulo, Karin e Elias se tornaram um trio inseparável pelos anos que se seguiram. O próprio Paulo dirigiu dois espetáculos, *Dia das Mães* (2001), do mesmo Jeff Baron, e *Vestir o pai* (2003), de Mário Viana, estrelados por Karin – esse último, com assistência e iluminação assinadas por Elias. Em 2005, *Visitando o sr. Green* realizou uma temporada em Lisboa e, durante a estada portuguesa, Karin e Elias começaram a se preocupar com a saúde do ator. Acessos intermináveis de tosse e uma respiração ofegante pareciam evidenciar que seu fôlego já não era o mesmo. A conta dos quatro maços de cigarros consumidos desde a juventude começava a ser cobrada. O enfisema pulmonar diagnosticado anos antes abriu espaço para um câncer que o enfraquecia.

"Ah, eu só faço essa peça se o Elias for o diretor", disse o veterano ao ator e produtor Claudio Fontana diante do texto *Adivinhe quem vem para rezar*, escrito por Dib Carneiro Neto, que estreou em agosto de 2005 no Teatro Procópio Ferreira. Paulo não entregou os pontos. Realizou o tratamento inicial do câncer em meio à temporada paulista. Todas as terças-feiras de manhã, Karin levava o parceiro para as sessões de quimioterapia, que comumente se arrastavam por três horas, e Elias os acompanhava em boa parte delas. "E, na calçada do hospital, a primeira coisa que o canalha fazia era acender um cigarro", lembra, sem deixar de gargalhar, a amiga fiel de mais de três décadas, com quem Paulo se casou na fase final da vida.

Preocupado com a carreira do espetáculo, ele garantiu a Fontana que realizaria a excursão como havia sido combinado antes do diagnóstico. "Você tem certeza disso, Paulo?", era o que todos lhe perguntavam. "Claro", respondia. Em cada nova cidade, o artista não se preocupava sequer em largar as malas no hotel. Na saída do aeroporto, pedia ao motorista para ir direto conhecer o teatro e, se o cansaço o dominasse, tirava um cochilo no camarim que seria sua segunda casa pelas noites seguintes. No final de cada sessão, o mesmo ritual de São Paulo era seguido. Paulo se interessava em conhecer os melhores restaurantes e não dava bola se a comida não era tão sofisticada quanto lhe contaram. Aos 84 anos, Paulo ainda insistia em uma juventude que só mesmo o palco lhe proporcionava.

O encerramento da temporada de *Adivinhe quem vem para rezar* veio carregado de uma melancolia velada que Karin e Elias logo precisaram contornar. Debilitado pela doença, Paulo parecia pouco entusiasmado para pensar em um novo projeto e, se esse próximo trabalho se concretizasse, era provável que fosse o último de sua luminosa carreira. Graças a muita insistência do produtor cultural Celso Curi, amigo desde a década de 1980, Elias aceitou aproveitar as férias longe de casa e embarcou para uma viagem de duas semanas pela Europa – e, pela primeira vez, pisaria em Paris. Durante a passagem pela capital francesa, a dupla visitou o prédio da Comédie-Française, a companhia de teatro estatal, e Elias encontrou na livraria uma edição de bolso da peça *O avarento*, de Molière, clássico da comédia universal com treze personagens, escrito no século XVII. O estalo veio na hora.

O protagonista, o velho ganancioso Harpagon, seria perfeito para Paulo. Ele ainda poderia exercer o seu grande ofício, como nos áureos tempos, ao lado de um numeroso elenco, algo cada vez mais raro no Brasil devido aos custos de produção, e provavelmente diante de uma plateia pronta para ecoar sonoras gargalhadas. "Vamos montar essa peça, Paulo?", disse Elias, entregando o livro em um embrulho de presente, assim que voltou a São Paulo. O ator ficou surpreso ao descobrir que se tratava de *O avarento*. Karin entendeu as intenções do amigo e se juntou ao grito entusiasta. "Paulo, que ótima ideia essa do Elias! Vamos fazê-la que certamente vai ser uma festa", completou.

O avarento foi o 90º espetáculo de Paulo Autran em 57 anos de carreira. De Molière, ele já havia levado ao palco *O burguês fidalgo* e *As sabichonas*, nos anos 1960, e *Tartufo*, em 1985. A direção ficou nas mãos de Felipe Hirsch, então com 34 anos, talentoso encenador que despontou em 2000 com o drama pop *A vida é cheia de som e fúria* e, na sequência, trabalhou com Marco Nanini, Marieta Severo e Renata Sorrah. O elenco contou com os atores Claudia Missura, Gustavo Machado, Arieta Corrêa, Luciano Schwab e Tadeu Di Pyetro, além de Karin e Elias, como em uma grande companhia. Seria, sem dúvida, uma festa. Por muito pouco foi Elias quem quase ficou de fora dessa grande celebração.

"Seu idiota, irresponsável!" Os gritos de Paulo Autran ecoaram durante anos nos ouvidos do ator. Poucas semanas antes do início dos ensaios, Elias decidiu colocar em prática um plano que carregava havia quase uma década: uma cirurgia de pálpebras para corrigir o "olhar triste" que sempre julgou ter. Recebeu a indicação de uma colega a respeito de um cirurgião plástico que atendia em uma clínica no bairro de Santo Amaro. O valor da intervenção estética cabia no seu bolso, e Elias, como sempre, fez sigilo a respeito do assunto. A recuperação era para ser rápida, bastava um fim de semana de repouso e nem sua irmã Sulla foi avisada. "Eu não podia fazer uma grande comédia com uma cara triste", justiçou-se para si mesmo.

Nada saiu como seria esperado. Depois de quatro horas na mesa de cirurgia e duas na sala de recuperação, Elias tomou um táxi e voltou para casa. Ao acordar, na manhã seguinte, percebeu que o lado esquerdo da face estava despencando – o que se tornava mais visível por causa de um osso saliente. O pânico tomou conta do artista. "Sou um ator, dependo da minha expressão, e como vai ser agora?", indagou-se. O gesto irresponsável poderia dar fim à carreira que penou tanto para construir. Estava com o lado esquerdo do rosto paralisado, e a cabeça tomada de arrependimento. "Mas eu sabia que foi uma fatalidade e não um erro médico, essas coisas podem acontecer e foi assim comigo", conta ele.

Com Paulo e Karin, ele só falava por telefone e recusava os rotineiros convites para assistir às peças dos colegas e jantares com desculpas esfarrapadas. No primeiro dia dos ensaios de *O avarento*, na última semana de maio, Elias entrou no Teatro Cultura Artística com o rosto envolto em uma bandagem que só deixava de fora os olhos, o nariz e a boca. "O que é isso, pelo amor de Deus? Um monstro", gritou, sem cerimônia, Karin, que não reconheceu o amigo. Logo atrás, veio Paulo, revoltado com o que entendeu que havia acontecido. "Você é um irresponsável!", levantou a voz. "Um ator não pode cometer uma bobagem desse tipo e você não pode fazer isso com todos nós." Elias murchou, mais ainda do que vinha murchando desde a plástica fracassada. "Eu também fiz uma cirurgia de pálpebra e me arrependo porque mudou meu olhar. Imagine você, seu idiota", ralhou o grande ator. Os demais colegas do elenco ficaram em silêncio e assim permaneceram pelos meses seguintes. Com a reação de Paulo, Elias se sentiu realmente um traidor, não apenas do homem que lhe dedicou tanta confiança, mas da arte que lhe deu tudo na vida. Precisaria se empenhar muito para vencer mais esse obstáculo. Ensaiou dia após dia com o rosto enfaixado e apareceu assim em todas as fotos e vídeos que registraram os bastidores. No dia de fazer as imagens de divulgação de O avarento, sobrecarregou na maquiagem para disfarçar os roxos visíveis no rosto. Pelos oito meses seguintes realizou sessões diárias de fisioterapia para recuperar os movimentos da face, e, nos intervalos de suas cenas, trancava-se no camarim para fazer os exercícios recomendados pelo médico. As aplicações de botox também se tornaram indispensáveis, nem que fossem para auxiliar na recuperação da autoestima.

O avarento estreou em 19 de agosto de 2006 no Teatro Cultura Artística – e manteve sessões esgotadas durante dez meses, até 13 de julho do ano seguinte. E foi uma festa. A última festa de Paulo. Com o câncer avançado, o artista precisou intensificar o tratamento cardíaco e pulmonar desde 17 de junho de 2007. Não queria parar. Até que os médicos o proibiram terminantemente de trabalhar e, assim, acabou a vida do maior ator do teatro brasileiro moderno. O cidadão Paulo Paquet Autran morreria alguns meses depois, em 12 de outubro. O cenário era um quarto do hospital Sírio Libanês, e ele estava de mãos dadas com Karin Rodrigues, a mulher de sua vida, e Elias Andreato, o mais verdadeiro de seus amigos. Como sempre fazia, jantou, comeu uma sobremesa e pediu para os amigos alguns tragos do último cigarro. "Não quero que vocês chorem por mim", teriam sido as suas últimas palavras. Paulo fez o último esforço para respirar e se foi com a certeza de que era a hora, o sofrimento precisava acabar.

A partida de Paulo Autran representou o fim de mais um ciclo na vida de Elias. A certeza de que nada poderia ficar para depois se fez mais concreta. Elias jamais esqueceu a reação do velho amigo depois de assistir à comédia *Amigas, pero no mucho*, texto de Célia Regina Forte dirigido por José Possi Neto, que estreou em março de 2007. "O que você faz naquele palco é uma coisa muito grande, é algo que nunca consegui alcançar", teria dito o veterano artista. Elias, em um primeiro momento, não entendeu o elogio e muito menos a comparação. A despretensiosa peça sobre quatro mulheres de meia-idade, representadas na primeira temporada por Claudio Fontana, Leopoldo Pacheco, Romis Ferreira e Elias, tocou Paulo por explicitar ali uma de suas raras frustrações.

O versátil ator sempre quis e nunca ousou se apresentar como uma personagem feminina. "Como pode um homem dessa grandeza ter encerrado a carreira sem ter se imposto um desafio desses?", perguntou-se Elias. A explicação talvez venha de um pudor geracional, afinal Paulo nasceu em 1922 e ter abandonado o papel de advogado em nome do palco já foi uma extrema transgressão. "Ali, eu vi que realmente um artista não pode se levar tão a sério e foi a primeira vez que joguei completamente a minha Dercy Gonçalves em cena e deixei de lado a Maria Bethânia", diz Elias, que, sem se dar conta, assim se preparou para o passo seguinte. Um passo que o levaria a reencontrar o começo de tudo e, assim, sublimá-lo não como espectador, mas no papel de artista e realizador.

XV

O doido e a dona do dom

A VERDADE É QUE, NOS ÚLTIMOS ANOS, Elias Andreato era um desconhecido diante do espelho. Não só pelas transformações ou pela fragilidade física que o assombravam. O artista parecia outro, pelo menos não mais aquele garoto livre que, em nome de uma improvável vocação, desafiou a sequência natural de sua história. Algum encanto havia ficado para trás e, com a morte de Paulo Autran, voltou a se evidenciar o senso de urgência que sempre o perseguiu. Era hora de recomeçar, olhar para o início de tudo, quem sabe vencendo traumas do passado.

Dois meses depois da perda do amigo, Elias driblou o pânico e retornou aos estúdios da Rede Globo, no Rio de Janeiro, para as gravações da novela *Beleza pura*. Se não foi tomado pelo entusiasmo, dessa vez viveu uma experiência menos sufocante em relação à engrenagem televisiva. A conta bancária ganhou um refresco depois de dez meses de salário fixo e, diante de uma situação financeira estável, estaria mais sossegado para enfrentar um projeto sem concessões. Afinal, era disso que ele gostava, ser dono do próprio nariz, e, por mais que a parceria de quase uma década com Paulo Autran tenha sido enriquecedora, era hora de reencontrar a solidão criativa.

Elias, munido de inspiração, roteirizou um novo solo, batizado de *Doido*, semelhante aos que o consagraram. "Eu sou uma gaivota. Não! Eu sou um ator! Eu representava mal, eu não sabia o que fazer com as mãos, eu não sabia andar no palco, não dominava a voz. Agora, eu sou um ator de verdade", dizia, em referência à peça *A gaivota*, de Anton Tchecov, elevando a voz, como quem exige respeito, nos minutos iniciais do espetáculo.

Concebido e dirigido pelo próprio Elias, o monólogo *Doido* estreou no Festival de Teatro de Curitiba, em março de 2009. A dramaturgia alinhava fragmentos de obras de Fernando Pessoa, Manuel Bandeira, Antonin Artaud, Vinicius de Moraes, William Shakespeare e outros mestres da palavra. Em cena, Elias, no pedestal da maturidade, desmistificava a imagem do artista inabalável, expondo inseguranças e frustrações, emoções comuns a qualquer pessoa. "Eternamente jovem, eternamente jovem, eternamente jovem", repetia sem parar os versos traduzidos da canção de Bob Dylan até ser ofuscado pela trilha sonora, pronto para os aplausos no encerramento.

Doido rendeu a Elias um novo troféu de melhor ator da APCA, além de outra indicação ao Prêmio Shell. Em julho de 2010, depois de um ano em São Paulo, o Teatro Tom Jobim, no Rio de Janeiro, passou a ser seu palco e, entre os espectadores, lá esteve, pela segunda vez, Maria Bethânia. "Eu me enxerguei muito em você", disse a cantora, depois da apresentação, ainda comovida. "Claro, eu sou uma cópia descarada do que você faz", respondeu ele. Bethânia ficou séria para, em seguida, abrir um sorriso cúmplice e retrucar: "Elias, estou falando de me enxergar como artista. Passe amanhã em minha casa, lá pelas dez, que quero conversar com você".

Elias não entendeu muito bem o convite. "O que a mulher pode querer comigo?", pensou, imediatamente. Mas também ia bem longe o tempo em que Bethânia o faria tremer diante de um chamado. Ainda ficava meio idiota, despudoradamente encantado. Sabia, porém, que a relação dos dois carregava uma relativa intimidade, nem que fosse uma intimidade possível entre ídolo e fã. "Demoramos muito para nos aproximar porque somos bastante tímidos. Foi meio gato estranhando jaguatirica, uma coisa suçuarana, como são os grandes encontros da vida", define Bethânia, que, antes de conhecê-lo, recebia notícias de Elias – "um rapaz de São Paulo que é louco por seu trabalho" – por intermédio do amigo comum Fauzi Arap.

Nas últimas duas décadas, os dois estabeleceram uma cumplicidade jamais imaginada pelo garoto que aplaudiu a protagonista do show *Rosa dos ventos*. "Elias é um menino interiorano, como eu, e, mais do que qualquer coisa, somos brasileiros, como qualquer outro", afirma a cantora, sobre as afinidades da dupla. Em 1998, logo depois de assistir ao monólogo *Oscar Wilde*, Bethânia ligou para a casa do ator e o convidou para tomar um avião até o Rio de Janeiro para assistir ao show *Imitação da vida*. E, claro, ele foi. Em uma das mesas mais próximas ao palco do Canecão, Elias foi acomodado junto a três casais a quem se limitou apenas a dar "boa noite" e "até logo". "Não fazia ideia de quem eram aquelas pessoas, amigos dela talvez", justifica a interação quase nula.

Passados alguns dias, a senhora dos palcos se converteu na anfitriã de um jantar. Em meio a um pequeno grupo de amigos da dona da casa, Elias disfarçou a timidez e o encantamento, mas, dessa vez, conversou um pouco mais à vontade com os presentes. Bethânia e Elias chegaram a dançar boleros do cantor Altemar Dutra, de rosto colado, no meio da espaçosa sala, enquanto os convidados bebiam e elevavam a voz para melhor responder a fala alheia. "Alguém como tu, assim como tu, eu preciso encontrar", rodava o disco. "Sua aprovação me deu uma calmaria, se estou aqui devo tudo a você", confidenciou o ator, no ouvido da cantora. Bethânia, embalada pela música, recorreu à modéstia para responder ao novo amigo. "Eu fui apenas um canal para despertar sua vocação, e, se não fosse eu, teria sido, cedo ou tarde, algum outro artista. Você nasceu com essa identidade", sentenciou.

Os telefonemas se tornaram constantes, as trocas de e-mails, quase sem motivo, frequentes e a cada espetáculo dela em São Paulo lá estava ele, sempre na proximidade permitida. Elias palpitava no repertório, recebia gravações ainda inéditas e enviava textos que o emocionavam imediatamente após lê-los. Na manhã seguinte à sessão de *Doido*, o ator acordou cedo, como sempre, tomou um rápido café e saiu do bairro da Gávea, onde se hospedara, até São Conrado, o território de Bethânia. Chegou antes da hora, mas, como a cantora também não esquenta na cama, ela logo entrou na sala e explicou o motivo do encontro ao lado da empresária Ana Basbaum.

Um convite para uma curta temporada no Teatro do São Conrado Fashion Mall a fez cogitar a ampliação da plateia de um projeto recente, de imediata identificação com *Doido*. Bethânia havia participado, nos últimos meses, de eventos literários em universidades, como a Federal de Minas Gerais, com a leitura dramática de alguns poemas de que gostava. Também passara por Lisboa, mais precisamente na Casa Fernando Pessoa. Era um despretensioso recital em que dava voz a poetas de várias gerações, indo além do indefectível Pessoa – que, desde *Rosa dos ventos*, figurava em seus shows –, selecionados por ela e pelo antropólogo Hermano Vianna. Um violonista e um percussionista ainda a acompanhavam nos raros números musicais. A essência era realmente a palavra em um exercício que, pela primeira vez, colocava a atriz assumidamente em primeiro plano.

Respeitosa com o teatro, Bethânia sabia que só levaria o trabalho a uma casa de espetáculos se contasse com uma moldura formal, uma luz caprichada e um diretor que a tirasse do breu. "Eu quero sua ajuda nessa encenação, quero que você adapte a minha leitura para o palco", afirmou ela. Elias não acreditava no que acabara de ouvir. "Não, ninguém dirige Maria Bethânia e muito menos eu", pensou, na sua cabeça, que já viajava para um ponto um tanto distante. A cantora percebeu a surpresa do discípulo, promovido ao posto de colega de trabalho, e tratou de acelerar o processo de modo que ninguém ali fosse tentado pela insegurança.

    A estrela se posicionou no meio da sala, duplicou de tamanho e, na tranquilidade de quem faz o que domina, começou a injetar sua personalidade em Guimarães Rosa, Manuel Bandeira, Cecília Meirelles, Sophia de Mello Breyner e Ferreira Gullar. Durante uma hora, Elias foi o espectador exclusivo do roteiro desencadeado e de canções à capela que falavam por si só, mas que, para encontrar a perfeição, precisavam de um formato cênico. No final, Elias não aplaudiu, nem chorou, muito menos demonstrou o impacto comum a um fã. "Mas eu vou fazer o que nisso? É só você chegar lá e começar a falar", se limitou a comentar, em voz baixa. "É para fazer tudo, não tem nada pronto aqui, preciso da sua ajuda para não ficar um palco vazio, escuro", rebateu Bethânia, um pouco preocupada com a reação. "Eu tive certeza de que ele não tinha gostado, ficou com uma cara estranha, até comentei com a Ana na hora em que foi embora."

    Elias desceu do táxi quase na metade do caminho para chegar à Gávea, e seguiu a pé por mais de uma hora. "Precisava caminhar, ganhar um tempo para entender o que tinha acabado de acontecer", justificou. Em sua cabeça, a cena começava a tomar alguma forma. Convidaria o amigo Wagner Freire para desenhar uma luz quente, quadrada, que emolduraria o palco como se fosse um livro. A música, dessa vez, é a costura entre as poesias, exatamente o contrário do que sempre foi visto nos espetáculos da artista. O econômico roteiro musical, formado por, entre outras, "Romaria", de Renato Teixeira, "Dança da solidão", de Paulinho da Viola, e "O último pau de arara", de J. Guimarães, Venâncio e Corumbá, permearia as poesias sem intervalo marcante. Seriam sempre ressaltadas a identidade brasileira e a relação da artista ao longo dos anos com a língua portuguesa. O título, sugerido por Fauzi Arap, ficou *Bethânia e as palavras*.

Nas manhãs seguintes, o diretor cumpriu o mesmo ritual. Passava na casa de Bethânia, coordenava a agenda dos instrumentistas, mexia um pouco na ordem de um ou outro texto e, principalmente, convivia de perto com a sua maior referência. "Eu queria estar junto dela, me sentir próximo, tanto que nunca soube como figurei nos créditos do espetáculo e nem me importei com isso", afirma ele. "Só sei que fomos juntos dar uma entrevista ao programa *Sem Censura,* apresentado na época pela jornalista Leda Nagle, e, no ar, Bethânia me tratou como seu diretor", completa ele, vaidoso.

Em 2015, durante as comemorações de cinco décadas de carreira, Bethânia concedeu uma longa entrevista à *Folha de S.Paulo* em que cita Fauzi Arap, Bia Lessa e Elias Andreato como os três principais diretores de sua carreira. "Elias é um grande homem de teatro", disse ela ao jornalista Nelson de Sá. Sobre o cachê recebido, ele desconversa e garante que não embolsou nada pelo trabalho – apesar da insistência dos produtores. "Não fazia o menor sentido eu cobrar qualquer quantia em dinheiro de alguém que me deu praticamente tudo na minha carreira."

Elias acompanhou todas as apresentações de *Bethânia e as palavras* dessa temporada de duas semanas no Rio de Janeiro. Foram outras três sessões, em março seguinte, no Teatro Faap, em São Paulo, e mais uma rápida agenda que incluiu Curitiba e Porto Alegre. "A gente conversava no camarim, ria junto e outros dias ela ficava bem quieta e eu só olhava", conta. Do fundo da coxia, o diretor via aquela mulher, uma das mais importantes entre as tantas de sua vida, explorar a estatura de estrela em um palco desenhado por ele. A realização, agora sim, estava plena, mas não parecia se encerrar ali.

Nos dias 18 e 19 de outubro de 2011, *Bethânia e as palavras* teve sessões agendadas no Teatro Sesc Ginástico, no Rio de Janeiro, para celebrar o relançamento de *Maria Bethânia, guerreira guerrilha*. O livro de Reynaldo Jardim (1926-2011), publicado poucos dias antes da promulgação do AI-5 e proibido na sequência, foi considerado subversivo e pornográfico. Era um grande poema, de conotações políticas e sensuais, inspirado no impacto sentido por Jardim ao assistir à intérprete de "Carcará" no show *Opinião*. A apresentação abriu com a exibição do curta-metragem *Profana via-sacra*, de Alisson Sbrana, em que o autor narra a saga que envolveu seu livro e os militares. A seguir, Elias entrou no palco, tremendo da cabeça aos pés, para a leitura do poema inspirado na guerreira Bethânia. "Eu estava tão tenso, tão nervoso, gritei tanto que ela entrou em cena até meio tímida, foi apoteótico", lembra Elias. "Maria Bethânia chegou e disse: gente, eu não sei nem por onde começar" *(risos)*.

Elias se sentou em um banquinho, próximo da coxia, tal qual um menino incapaz de saber o que fazer ou como agir. Já bastava. Agora, ficaria apenas na posição privilegiada de espectador a poucos metros do ídolo em ação. No encerramento, na hora dos aplausos, vencido pela timidez, não voltou ao palco. Bethânia, na posição de mestre, chamou sua atenção e ordenou que, na noite seguinte, ele não repetisse tamanha desfeita com a plateia. "Jamais faça isso de novo, o público não merece."

Elias nem questionou e, ciente do erro, obedeceu à intimação da cantora na noite seguinte. Os dois se curvaram aos aplausos agradecidos pelo entusiasmo dos espectadores. De mãos dadas, circularam pelo palco, se encararam e, cúmplices, aproveitaram ao máximo o momento. Não haveria festa no camarim ou jantar na sequência. Para Bethânia, a celebração é o próprio ato teatral. Não existe, normalmente, comemoração depois. Cada um vai para o seu canto, para a sua solidão e agradece o abraço coletivo da plateia.

Não foi só a arte de Bethânia que inspirou e moldou Elias. Os dois têm esse lado caseiro, a necessidade de sossego, poucos amigos de verdade, uma profunda fé em algo que nem sempre está ao alcance da compreensão de todos. Com o passar dos anos, o lado bicho do mato de Elias praticamente o dominou. O artista sai de casa somente em função do teatro. Seja para os ensaios, para apresentar os espetáculos ou para as aulas que ministra de vez em quando. Encerrado o trabalho, é para o seu apartamento que ele retorna, para o encontro dos livros, do computador e das ideias para possíveis novos projetos. Praticamente nunca emenda um jantar em um restaurante, mesmo diante da insistência dos amigos, e se isso acontece todos consideram um milagre. Pode se dizer que Elias escolheu a solidão e, sendo assim, vive bem com ela.

Depois de Maria Bethânia, Elias Andreato seguiu no alvo de grandes artistas. Em 2014, dirigiu Juca de Oliveira em uma adaptação de *Rei Lear*, de Shakespeare, em formato de monólogo, e a atriz Irene Ravache e o ator Dan Stulbach na comédia *Meu Deus*. Convocado novamente por Jorge Takla, no ano seguinte, roubou a cena na comédia *Vanya e Sonia e Masha e Spike*, dividindo o palco com Marília Gabriela, a amiga de sempre Patricia Gasppar, Bruno Narchi, Bianca Tadini e Teca Pereira.

Entre o final de 2016 e o começo de 2017, Elias comandou uma sensível e até otimista versão de *Esperando Godot*, de Samuel Beckett, em que contracenou com Claudio Fontana, uma elegia à amizade dos dois. Depois veio a delicadeza de *Num lago dourado*, peça concebida milimetricamente para os talentos de Ary Fontoura e Ana Lucia Torre. Elias não pode parar. Na reta final de 2018, conheceu outro grande momento de sua carreira em *Estado de sítio*, adaptação do original de Albert Camus encenada por Gabriel Villela. Ao seu lado, em meio a um elenco numeroso, Claudio Fontana novamente marcou presença. Elias era a Peste, e Fontana, a Morte, sua fiel secretária, criações de Camus para criticar o totalitarismo, uma dupla tão afinada quanto os seus intérpretes.

Elias realmente não para. Não pode parar. E, como todo mundo que trabalha demais, também erra. Muitas vezes, dirige ou mesmo protagoniza espetáculos dispensáveis e até irrelevantes, que soam estranhos no currículo de um artista tão devotado ao seu ofício. Quem o conhece um pouco melhor, no entanto, arrisca-se a entendê-lo. Elias precisa estar no constante exercício da paixão e, detalhe importante, pautado por suas escolhas, mantendo a independência – outra herança de Maria Bethânia. Não importa o cachê ou os empecilhos. Elias Vicente Andreato sobe ao palco com uma urgência que o move e uma profunda devoção que o faz aproveitar cada trabalho como se fosse o último, com a mesma intensidade dos românticos e o pessimismo dos trágicos. Afinal, tudo isso, tudo tão improvável, poderia nunca ter acontecido. Poderia ter ficado apenas na esfera do sonho de um rapaz hipnotizado diante da *Rosa dos ventos* de Maria Bethânia em uma noite de 1972 em que a data precisa não vem mais ao caso.

ANEXO
Elias Andreato no teatro, no cinema e na televisão

Teatro/Ator

1977
Pequenos burgueses, de Máximo Gorki, direção de Renato Borghi, com Borghi, Raul Cortez, Esther Góes, Carlos Alberto Riccelli, Juçara Moraes, Etty Fraser e outros.

1978
Brincadeiras, de Raimundo Mattos, direção de Mario Mazetti.

1979
Nadim Nadinha contra o Rei de Fuleiró, de Mário Brasini, direção de Maurice Capovilla.

Tietê, Tietê... ou toda rotina se manteve não obstante o que aconteceu, de Alcides Nogueira, direção de Marcio Aurelio, com o grupo Os Farsantes.

1980
Calabar, de Chico Buarque e Ruy Guerra, direção de Fernando Peixoto, com Othon Bastos, Martha Overbeck, Renato Borghi, Tânia Alves, Sérgio Mamberti e outros.

Diário de um louco, de Nikolai Gogol, direção de Marcio Aurelio.

1981
Lua de cetim, de Alcides Nogueira, direção de Marcio Aurelio, com Umberto Magnani, Denise Del Vecchio e Júlia Pascale.

1982
Trágico à força, de Anton Tchecov, direção de Marcio Aurelio, com Edith Siqueira e Tato Fischer.

1983
Édipo Rei, de Sófocles, direção de Marcio Aurelio, com Renato Borghi, Ítala Nandi, Edith Siqueira, Chico Martins e Juçara Moraes.

1984
Senhorita Júlia, de August Strindberg, direção de Renato Borghi, com Edith Siqueira e Juçara Moraes.

Artaud, o espírito do teatro, de José Rubens Siqueira e Antonin Artaud, direção Francisco Medeiros.

Escola de mulheres, de Molière, direção de Roberto Lage, com Juçara Moraes, Ary França, Aninha Braga e Mário de Almeida.

1985
O gosto da própria carne, de Robert Inaurato, direção de Roberto Lage, com Edith Siqueira e Maria Alice Vergueiro.

O auto do frade, de João Cabral de Mello Neto, direção de Carlos Meceni, com Noemi Marinho.

1986
Hello, Boy!, de Roberto Gil Camargo, direção de Roberto Lage, com Renato Modesto.

O corpo estrangeiro, de Marguerite Duras, direção de Marcia Abujamra, com Tânia Bondezan.

1988
Lago 21, de Anton Tchecov e William Shakespeare, direção de Jorge Takla, com Walderez de Barros e Mariana Muniz.

1989
Decifra-me ou devoro-te, de Renato Borghi, direção de Roberto Lage, com Borghi e Lígia Cortez.

1990
Sexo dos anjos, de Flávio de Souza, também diretor, com Carlos Moreno. Prêmios Shell, APCA e Apetesp e indicação ao Prêmio Molière.

1991
O empresário de Mozart, ópera dirigida por Jorge Takla.

Uma noite com Valentin, de Karl Valentin, direção de Fernando Beck, com Bia Nunes.

1992
Solo Mio, de Caio Fernando Abreu e Murilo Rubião, direção de Eliana Fonseca. Indicação do Prêmio Shell.

1993
Van Gogh, de Elias Andreato, direção de Marcia Abujamra. Prêmios Shell e Apetesp.

A ver estrelas, de João Falcão, também diretor, com Emílio de Mello, Pedro Brício, Luiza Mayer, Carla Ribas, Malu Galli, Virginia Cavendish, Marcela Ráfea e Charles Paraventi.

1994
Répétition, de Flavio de Souza, também diretor, com Xuxa Lopes e Flavio de Souza. Indicação ao Prêmio Mambembe.

1995
Esta noite choveu prata, de Pedro Bloch, direção de Elias Andreato.

1996
A gaivota, de Anton Tchecov, direção de Jorge Takla, com Walderez de Barros, Samanta Monteiro e Charles Möeller.

1997
Oscar Wilde, de Elias Andreato, direção de Vivien Buckup. Indicação do Prêmio Shell e Prêmio Cultura Inglesa de melhor ator.

2001
As cidades invisíveis, de Ítalo Calvino, direção de Marcia Abujamra, com Walderez de Barros.

A comédia dos homens, de Griselda Gambaro, direção de Marcia Abujamra. Com Nilton Bicudo e Pascoal da Conceição.

2003
Senhor das flores, de Vinícius Márquez, direção de Marco Ricca, com Caco Ciocler.

Artaud, atleta do coração, de Antonin Artaud, direção de Marcia Abujamra.

2004
A cabeça, de Alcides Nogueira, direção de Marcia Abujamra. Com Débora Duboc.

2006
O avarento, de Molière, direção de Felipe Hirsch, com Paulo Autran, Karin Rodrigues, Gustavo Machado, Arieta Corrêa e outros.

2007
Amigas, pero no mucho, de Célia Regina Forte, direção de José Possi Neto, com Leopoldo Pacheco, Claudio Fontana e Romis Ferreira.

2008
Andaime, de Sérgio Roveri, direção de Elias Andreato, com Claudio Fontana (Elias fez substituição ao ator Cassio Scapin em uma temporada).

2009
Doido, roteiro e direção de Elias Andreato. Prêmio APCA de melhor ator e indicação ao Prêmio Shell.

2011
Édipo, de Sófocles, adaptação e direção de Elias Andreato, com Eucir de Souza, Tânia Bondezan, Claudio Fontana e outros.

2012
Equus, de Peter Shaffer, direção de Alexandre Reinecke, com Leonardo Miggiorin, Patricia Gasppar, Mara Carvalho, Bruna Thedy e outros.

2013
O andante, roteiro de Elias Andreato, também diretor ao lado de André Acioli.

2014
Um réquiem para Antônio, de Dib Carneiro, direção de Gabriel Vilella, com Claudio Fontana, Nábia Vilela, Mariana Elisabetsky e Fernando Esteves.

2015
Vanya e Sonia e Masha e Spike, de Christopher Durang, direção de Jorge Takla, com Marília Gabriela, Patricia Gasppar, Bruno Narchi, Bianca Tadini e Teca Pereira.

2016
Dona Bete, de Fauzi Arap, direção de Elias Andreato, com Nilton Bicudo.

Esperando Godot, de Samuel Beckett, direção de Elias Andreato, com Claudio Fontana, Clovys Torres, Raphael Gama e Guilherme Bueno.

2018
Outros eus, com roteiro e atuação de Elias Andreato.

Estado de sítio, de Albert Camus, direção de Gabriel Villela, com Claudio Fontana, Chico Carvalho, Cacá Toledo, Daniel Mazzarolo, Rogério Romera, Rosana Stavis, Mariana Elisabetsky e outros.

Direção teatral

1986
Levadas da breca, criação coletiva com Mira Haar e Patricia Gasppar.

1990
Não tenha medo de Virginia Woolf, roteiro de Elias Andreato, com Esther Góes.

1993
Futilidades públicas, solo de e com Patricia Gasppar.

Rimbaud, de Elias Andreato, com Ariel Borghi, Nilton Bicudo e Victória Camargo.

1994
Aulis, adaptação de Celso Frateschi da tragédia *Ifigênia*, de Eurípides, com Frateschi e Edith Siqueira.

Tantã, de Rafael Camargo, com Cristina Pereira.

1996
Os Fantastikos (Um musical off-Broadway), de Tom Jones e Harvey Schmidt, com Emiliano Queiroz e Claudio Botelho. Prêmio IBEU de melhor diretor.

Complexo de Dóris Day, de Luís Carlos Rossi, com Eliana Fonseca e Juarez Malavazzi.

Do amor de Dante por Beatriz, roteiro de Elias Andreato, com Celso Frateschi.

1997
A lista de Ailce, adaptação de Elias Andreato para livro de Herbert de Souza, com Ângelo Antônio.

1998
Arte oculta, de Cristina Mutarelli, com a autora e Carlos Moreno.

2000
Visitando o sr. Green, de Jeff Baron, com Paulo Autran e Cassio Scapin.

Drummond, alguma poesia, de Carlos Drummond de Andrade, com Teresa Athayde, Fábio Herford e Mario Augelli.

2001
Gravidade zero, de Mário Bortolotto, com Rodrigo Matheus.

Eu não sou cachorro, de Fernando Bonassi, com Celso Frateschi.

2002
Desconhecido íntimo, de Alexandre Alkimim, com Renato Borghi, Débora Duboc, Elcio Nogueira Seixas e Luah Guimarãez.

22 Ó nóis na fita moderna, inspirado na obra de Oswald de Andrade, com Iara Jamra, Moises Inácio e Elias Andreato.

Só mais um instante, de Marta Góes, com Tânia Bondezan, Heloisa Cintra Castilho e João Paulo Lorenzon.

A filha da..., de Carlos Eduardo Silva, com Marília Pêra, Luciana Coutinho, Nina Morena e Luciano Barbalho.

2003
Três versões da vida, de Yasmina Reza, com Denise Fraga, Marco Ricca, Mario Schoemberger e Ilana Kaplan. Prêmio Qualidade Brasil de melhor diretor.

2005
O rim, de Patrícia Melo, com Carolina Ferraz, Ivone Hoffman, Marcelo Serrado e Heitor Martinez.

Adivinhe quem vem para rezar, de Dib Carneiro Neto, com Paulo Autran e Claudio Fontana.

2006
Operação Abafa, de Jandira Martini e Marcos Caruso, com os autores, Miguel Magno, Tânia Bondezan, Noemi Marinho, Francarlos Reis e Diego Leiva.

2007
Andaime, de Sérgio Roveri, com Cassio Scapin e Claudio Fontana.

Mammy vai à luta, solo de Mira Haar.

2009
Doido, roteiro, direção e atuação de Elias Andreato.

Mãe é karma!, de Elias Andreato, com Miriam Mehler, Renato Borghi, Nilton Bicudo e Olívia Araújo.

2010
Ghetto, baseado na obra *Yossel Rakover dirige-se a Deus*, de Zvi Kolitz, com Fábio Herford.

Florilégio musical, teatro musical com Carlos Moreno, Mira Haar e Jonatan Harold.

2011
Decifra-te ou me devora, de Elias Andreato, com Heloisa Cintra Castilho e João Paulo Lorenzon.

Édipo, de Sófocles, adaptação e direção de Elias Andreato, com Eucir de Souza, Tânia Bondezan, Claudio Fontana e outros.

Cruel, de August Strindberg, com Reynaldo Gianecchini, Maria Manoella e Erik Marmo.

Que rei sou eu?, roteiro de Elias Andreato, com Renato Borghi, Patricia Gasppar e Jonatan Harold.

2012
Coisa de louco, de Fauzi Arap, solo com Nilton Bicudo.

A garota do adeus, de Neil Simon, com Gabriela Duarte, Edson Fieschi, Julia Gomes, Clara Garcia e Nilton Bicudo.

Camille e Rodin, de Franz Keppler, com Melissa Vettore e Leopoldo Pacheco.

2013
Myrna sou eu, de Nelson Rodrigues, com Nilton Bicudo.

Da Vinci, Machiavel e eu, de Chico de Assis, com Tadeu Di Pyetro.

Eu não dava praquilo, de Cássio Junqueira, com Cassio Scapin.

A casa de Bernarda Alba, de Federico García Lorca, com Walderez de Barros, Patricia Gasppar, Mara Carvalho, Victória Camargo, Bruna Thedy, Tatiana de Marca, Isabel Wilker e Fernanda Cunha.

Jocasta, monólogo de Elias Andreato, com Débora Duboc.

Florilégio musical II – Nas ondas do rádio, de Mira Haar e Carlos Moreno, com os autores, Patricia Gasppar e Jonatan Harold.

2014
Meu Deus!, de Anat Gov, com Irene Ravache, Dan Stulbach e Pedro Carvalho.

Rei Lear, adaptação de Geraldo Carneiro para peça de William Shakespeare, com Juca de Oliveira.

Elza & Fred, de Marcela Guerty e Marcos Carnevale, com Suely Franco, Umberto Magnani, Mayara Magri, Eduardo Estrela, Antônio Haddad, David Leroy, Luciano Schwab, Fernando Peterlinkar e Igor Dib.

2015
A graça do fim, de Fauzi Arap, com Nilton Bicudo e Cleiton Santos.

Araca, show teatral com Raphael Gama e Jonatan Harold.

A língua em pedaços, de Juan Mayorga com Ana Cecília Costa e Marco Antônio Pâmio.

Sou toda coração, monólogo musical com Débora Duboc e o pianista Jonatan Harold.

2016
Amor em 79:05, de Vinícius Márquez, com Josemir Kowalick e Eduardo Ximenes.

Dona Bete, de Fauzi Arap, com Nilton Bicudo e Elias Andreato.

Isadora, de Melissa Vettore, com Daniel Dantas, Patricia Gasppar, Roberto Alencar e Melissa Vettore.

Esperando Godot, de Samuel Beckett, direção de Elias Andreato, com Claudio Fontana, Clovys Torres, Raphael Gama e Guilherme Bueno.

2017
Num lago dourado, de Ernest Thompson, com Ary Fontoura, Ana Lucia Torre, Tatiana de Marca, André Garolli, Fabiano Augusto e Lucas Abdo.

Help, de Elias Andreato com Maria Pinna e Eduardo Ximenes.

Palavra de Stela, de Stela do Patrocínio, com Cleide Queiroz.

Cerbera, de Carol Rainatto, com a autora, Rodrigo de Castro, Rodrigo Frampton, Victoria Blat e Ynara Marson.

Papo com o Diabo, de Bruno Cavalcanti, com Eduardo Martini.

2018
O louco e a camisa, de Nelson Valente, com Rosi Campos, Leonardo Miggiorin, Priscilla Squeff, Guilherme Gorski e Ricardo Dantas.

Na nuvem, monólogo escrito e protagonizado por Patricia Gasppar.

Direção de shows

1982
Lírio do Inferno: show da atriz Maria Alice Vergueiro, com repertório de Bertolt Brecht e Kurt Weill.

1995
Cantos de inocência e de sabedoria: show da cantora Eliete Negreiros e banda, com músicas de Gilberto Gil, Noel Rosa, Caetano Veloso, Tom Jobim e outros.

2003
Elas cantam Chico: projeto especial com as cantoras Ana Carolina, Zizi Possi, Elba Ramalho, Zélia Duncan, Sandra de Sá, Fernanda Abreu, Jane Duboc, Wanderléa, Mart'nália, Alcione e Elza Soares com base nas composições de Chico Buarque.

2004
A era do rádio: show com a soprano Eloisa Baldin e as meio-so pranos Silvia Tessuto e Regina Helena Mesquita e o baixo Roberto Casemiro interpretando música popular no Theatro Municipal de São Paulo.

2005
O Carnaval dos animais, de Camille Saint-Saëns com a Camerata São Paulo sob regência do Maestro Daniel Misiuk e Corpo de Baile Jovem do Theatro Municipal de São Paulo.

2010
Bethânia e as palavras: roteiro poético e musical com base em escritores da língua portuguesa protagonizado por Maria Bethânia.

Canto teatral para Bola de Nieve, show com a cantora Fabiana Cozza e o pianista Pepe Cisneros.

Televisão

1987
Helena: novela produzida pela Rede Manchete com base no romance de Machado de Assis. Adaptação de Mario Prata, Dagomir Marquezi e Reinaldo Moraes, dirigida por Denise Saraceni e Luiz Fernando Carvalho e supervisão de José Wilker. Com Luciana Braga, Thales Pan Chacon, Aracy Balabanian, Yara Amaral, Mayara Magri, Isabel Ribeiro, Othon Bastos e outros.

1988/1990
Revistinha: programa adolescente da TV Cultura. Participação como ator em esquetes.

1995
A idade da loba: novela produzida pela TV Plus e RTP1 e exibida pela Rede Bandeirantes, escrita por Alcione Araújo e Regina Braga e dirigida por Jayme Monjardim e Marcos Schechtman. Com Betty Faria, Angela Vieira, Adriano Reys, Beth Goulart, Paulo Goulart, Juca de Oliveira, Antonio Abujamra, Taumaturgo Ferreira e outros.

1997/1998
Sai de baixo: seriado da Rede Globo, criado por Luís Gustavo e Daniel Filho, com Miguel Falabella, Aracy Balabanian, Luís Gustavo, Marisa Orth e outros. Equipe de roteirista.

1999
Suave veneno: novela produzida pela Rede Globo, escrita por Aguinaldo Silva, com direção de Ricardo Waddington, Marcos Schechtman e Daniel Filho. Com José Wilker, Glória Pires, Irene Ravache, Betty Faria, Letícia Spiller, Diogo Vilela, Luana Piovani, Rodrigo Santoro e outros.

2000
A muralha: série produzida pela Rede Globo, escrita por Maria Adelaide Amaral, com base no romance de Dinah Silveira de Queirós, direção de Denise Saraceni. Com Tarcísio Meira, Alessandra Negrini, Vera Holtz, Leticia Sabatella, Alexandre Borges, Mauro Mendonça e outros.

2006
Cidadão brasileiro: novela produzida pela Rede Record, escrita por Lauro César Muniz, dirigida por Flávio Colatrello Jr. e Ivan Zettel. Com Gabriel Braga Nunes, Paloma Duarte, Lucélia Santos, Luiza Tomé, Carla Regina, Floriano Peixoto, Cleyde Yáconis e outros. Participação especial.

2007
Minha nada mole vida: seriado produzido pela Rede Globo, escrito por Luiz Fernando Guimarães, também protagonista, Fernanda Young e Alexandre Machado, com direção de José Alvarenga Jr..

2008
Beleza pura: novela produzida pela Rede Globo, escrita por Andrea Maltarolli, com direção de Rogério Gomes. Com Edson Celulari, Ch-

ristiane Torloni, Carolina Ferraz, Reginaldo Faria, Zezé Polessa, Regiane Alves, Ísis Valverde e outros.

Cinema

1991
Faça você mesmo, curta-metragem de Fernando Bonassi. Kikito de melhor ator do Festival de Gramado.

Epopeia, curta-metragem de Michael Ruman.

A cela, curta-metragem de Philippe Barcinski.

1995
Sábado, longa-metragem de Ugo Giorgetti, com Otávio Augusto, Maria Padilha, Giulia Gam, Tom Zé, André Abujamra e outros.

1997
Dedicatórias, curta-metragem de Eduardo Vaisman. Prêmio de melhor ator do Rio Cine Festival.

1998
Boleiros, longa-metragem de Ugo Giorgetti, com Lima Duarte, Otávio Augusto, Rogério Cardoso, Denise Fraga, Cássio Gabus Mendes e outros.

O postal branco, curta-metragem de Philippe Barcinski.

2002
O príncipe, longa-metragem de Ugo Giorgetti, com Eduardo Tornaghi, Bruna Lombardi, Ricardo Blat e Otávio Augusto.

2008
Mãe, curta-metragem de Luis Antonio Pereira.

Agradecimentos

Agradecimentos aos entrevistados
Ademir Martins, Alzira Andreato, Antonio Fagundes, Celso Curi, Celso Frateschi, Elifas Andreato, Elton Manganelli, Esther Góes, Gilberto Gawronski, Juçara Morais, Jorge Takla, Karin Rodrigues, Marcia Abujamra, Marcio Aurelio, Maria Bethânia, Maria Luiza Mello, Maria Rita Freire Costa, Nilton Bicudo, Patricia Gasppar, Renato Borghi, Sulla Andreato e Vivien Buckup.

Mais agradecimentos
André Acioli, Gerald Thomas, João Caldas, Leo Martins, Marco Griesi, Marília Gabriela e Mary Debs.